범죄에 관한 거의 모든 것

굿바이,
범죄꾼

범죄에 관한 거의 모든 것

굿바이, 범죄꾼

장영하 씀

지우출판

호소합니다,

장영하 변호사입니다

위험에 처한 도마뱀은 꼬리를 흔들어 적을 유인합니다. 그런 다음 꼬리를 잘라 내 적이 당황한 틈을 타 냉큼 숨습니다. 도마뱀의 꼬리는 금방 다시 생깁니다.

여기, 그런 꼬리를 열 개쯤 달고 있는 사람이 있습니다. 그는 함께 숨 쉬고 말을 하던 사람과도 자신에게 불리하다 싶은 일이 생기면 조소와 경멸을 함축한 표정으로 "상황 끝!"을 외치며 꼬리를 잘라냅니다. 다음 사람에게도, 또 다른 사람에게도 "여기까지!" 한마디면 됩니다. 그는 언제든지 자신의 꼬리를 잘라 낼 이유가 좔좔 넘칩니다.

2년 전, 제20대 대선을 불과 몇 달 앞둔 2021년 12월 24일, 공포와 혐오로 무법의 시간을 폭주하던 도마뱀 같은 그를 겨냥해 《굿바이, 이재명》을 출간했습니다. 이후 국민의 과분한 사랑과 관

굿바이, 범죄꾼

심이 위로되기도 했지만, 더러는 위협을 가하는 이들의 온갖 협박을 딛고 다시 의욕을 내 적응하는 일은 하루하루가 막막한 도전이기도 했습니다. 더구나 '아직도', '여전히', 끝나지 않은 그에 대한, 있었던 사실의 해석이 일방적인 법의 잣대로만 직진하지 않기에 저의 정신과 육체는 만신창이가 되었습니다. 물론 저와 마찬가지로 대다수 국민의 마음도 다르지 않을 거라 가늠됩니다.

그래서 저는 다시 용기를 내 《굿바이, 범죄꾼》을 출간하기에 이르렀습니다. 엄연한 사실에 대해 범죄꾼이 가차 없는 왜곡을 한다 해도 그 사실을 사실대로 기록하는 일은 그야말로 엄청난 일이라 판단했기 때문입니다.

물론 《굿바이, 이재명》 출간 당시의 심정이나 2년이 지나 제22대 총선을 앞두고 《굿바이, 범죄꾼》을 출간한 지금이나 저의 마음은 여전히 무겁고 착잡합니다. 저를 포함한 대다수 국민을 만신창이로 만든 범죄꾼이 2년 전에는 대한민국 여당 대선 후보였고, 2년이 지난 현재는 제22대 총선을 이끄는 거대 야당의 당대표라는 현실은 대한민국이 짊어진 형벌과도 같습니다.

저는 우리 국민의 위대함을 믿습니다. 이재명이 성남지역에서 시장을 두 번 하고 지역을 넓혀 경기도지사에 도전해 당선된 일은 천하의 불한당 같은 일로 유감이었지만, 그때 진행된 토론회에서 발가벗겨진 실체는 그에게 치명적이었습니다.

2022년 대권 도전에 실패했고, 현재는 당시에 불거진 온갖 범죄 행위의 중대한 범죄꾼 신분으로 코너에 몰리게 되었으니까요.

아쉬운 것은 그런 범죄꾼의 실체를 아직도 모르는 국민이 많다는 사실입니다. 2022년 대선에서 이재명이 패배는 했지만, 그에게 표를 던진 국민이 1600만 명에 육박합니다. 그것도 모자라 그가 대선에서 패배한 지 고작 석 달 만에 그에게 국회의원 배지를 달게 했고, 당대표라는 방탄복까지 입혀줬습니다. 이재명을 둘러싸고 벌어진 범죄 행위 모두는 파렴치하고 끔찍한 일임에도 말입니다. 왜일까? 대체 뭐가 잘못됐기에 이런 괴이한 현상이 생긴 것일까를 고민했습니다. 앞에서도 언급했듯이 범죄꾼의 실체를 아직도 모르는, 아니 어쩌면 애써 외면하려는 이들이 있기 때문입니다. 외면하는 숱한 이유 중에 가장 큰 이유는 '이재명처럼 동질의 악한 권력을 추구하는 이들의 추악한 욕망'을 지적하고 싶습니다. 저는《굿바이, 범죄꾼》을 "자, 이걸 보고도 이재명 같은 권력을 좇고 싶습니까?"라고 따지듯 호소하는 심정으로 출간했습니다.

《나니아 연대기》를 쓴 영국 작가 C.S 루이스는 "바다의 파도 끝에 물이 잠깐 멈추는 순간이 우리의 인생"이라고 말했습니다. 우리의 삶이 길지는 않지만, 그게 끝이 아니라는 얘깁니다. 삶의 그 순간을 범죄꾼에게 침묵으로 동조하는 삶을 살지 않기를 간절히 바랍니다. 저는 다시 한번 눈 뜨기를 망설이는 국민에게 호소합니다.

"자, 눈을 떠요. 눈을 뜨면 그 자리에
범죄꾼 이재명이 서 있습니다!"

시작하는 글

　　　　　　　　성냥개비로 쌓은 피라미드처럼 모든 게 와르르 무너지는 건 아주 잠깐이다. 그런데 성냥개비로 쌓은 피라미드조차도 이재명에겐 잠깐 사이 무너지지 않았다. 규칙에 예외는 없을 터인데 그는 재수가 매우 좋은 것인가? 자빠져도 꼭 제대로 자빠진다. 적어도 그때까진 그랬다. 'KBS 초청 2018 지방선거 경기도지사 후보 토론회'가 열리기 전까진. 그날 이재명은 너무나 많은 거짓말을 했고, 그 거짓말을 덮기 위해 했던 거짓말의 거짓말이 눈덩이처럼 커지면서 2023년 12월 현재 대한민국을 사상 초유의 혹독한 범죄의 소굴 용광로로 만들었다.

　　내가 범죄꾼 이재명을 상대로 고발을 시작한 것은 2018년 5월 28일, 그러니까 'KBS 초청 2018 지방선거 경기도지사 후보 토론회' 직후부터였다. 그는 경기도지사 당선을 위해 수많은 거짓말을 남발했다. 내가 이재명을 고발한 사건은 다음과 같다.

1. 수원지검 성남지청, 형사 고발 건(2018.6.)

- '공직선거법(허위사실 공표) 위반죄' 고발
  - 친형 이재선을 정신병원에 입원시키려 했던 사실을 부인
  - 특정 여배우(김부선) 집에 간 일을 부인
- '직권남용죄' 고발
  - 성남시장 시절 친형 이재선을 정신병원에 강제 입원시키기 위해 관계 공무원들을 동원했던 일
- '특가법(제3자 뇌물죄)' 고발
  - 성남시장 시절 차병원, 네이버, 농협, 두산건설, 알파돔시티, 현대백화점 등 6개 기업으로부터 성남FC에 160억 5천만 원의 후원금을 내게 했던 사실

2. 수원지검 성남지청, 형사 고발 건(2018.8.)

- 공직선거법(허위사실 공표) 위반죄
  - 조폭 연루설 부인 발언
  - 공무원자격 사칭(검사 사칭)죄로 처벌받은 것을 '누명 쓴 것'이라 거짓 발언
  - 김부선 관련, 주진우와 통화한 적 없다는 발언
  - 김부선이 보낸 내용증명우편을 받지 않았다는 발언
- 김부선을 허언증 환자라 명예 훼손함.

3. 경기남부경찰청, 형사 재고발 건(2018.8.)-이재명과 성남시 공

무원 1,002명

- 공직선거법(부정선거운동죄, 공무원 등의 선거관여 등 금지) 위반죄

  • 성남시 공무원들에게 트위터 등 SNS에다 이재명을 직·간접으로 홍보하도록 함.

4. 수원지검 성남지청, 형사 고발 건(2018.9.)

- 공직선거법(각종 제한 규정) 위반죄

  • 공직선거법상 지방자치단체장의 광고 출연을 금지하고 있음에도 이재명은 성남시장 시절, SBS '모닝와이드', 'TV 동물농장' 등의 프로에 광고비 명목으로 249,204,000원을 내고 성남시의 내용을 제작하면서 출연함.

5. 수원지검 성남지청, 형사 고발 건(2018.11.)

- 공직선거법(허위사실 공표) 위반죄

  • 김혜경은 블로그는 물론 트위터, 페이스북, 인스타그램 같은 SNS 계정이 없고 SNS도 하지 않는다고 하며 '혜경궁 김씨'가 누구인지 모른다고 부인함.

6. 검찰총장, 형사 재고발 건(2021.2.)

- '제3자 뇌물죄'

  • 나를 포함한 '권력 비리 성남FC 165억 원 뇌물죄 이재명 구속연대' 와 '자유연대'가 공동으로 이재명이 성남시장 시절, 차병원·네이

굿바이, 범죄꾼

버 · 농협 · 두산건설 · 알파돔시티 · 현대백화점 등 6개 기업으로부터 성남FC에 160억 5천만 원의 후원금을 내게 했던 사실을 '제3자 뇌물죄'로, 후원금을 냈던 기업들은 '증뢰죄'로 검찰총장에게 다시 고발함.

7. 위 6항과 동일한 내용을 경찰청장에게 형사 재고발 건(2021.2.)

8. 분당경찰서에 성남FC 뇌물죄 관련 모집수당 지급한 것을 수사 촉구(2021.7.)

9. 서울중앙지검, 형사 고발 건(2021.9.) — 이재명·권순일

- 특가법(수뢰죄), 증뢰죄, 변호사법 위반죄
  - 대법관 출신 권순일은 변호사 개업 등록도 하지 않은 채, 화천대유의 고문 변호사로 활동하는 변호사 업무를 수행했고, 이재명은 권순일이 대법관으로서 자신의 선거법 관련 대법원 재판을 유리하게 해 준 대가로 화천대유 고문료 명목의 대가를 지급함.

10. 대구지검 안동지청, 형사 고발 건(2021.10.)

- 공직선거법(허위사실 공표) 위반죄
  - 2021년 9월 26일 방영된 SBS '집사부일체' 프로그램에서 '친형 이재선이 성남 시정에 관여했고, 그걸 이재명이 차단했다. 그러자 이재선은 이를 해결하기 위해 어머니 구호명을 찾아갔고, 뜻대로 안 되

자 집에 불을 지르겠다며 어머니를 협박했고, 어머니는 무서워서 그 길로 집을 나와 이재명 집 등을 떠돌아다녔다'고 거짓말함.

11. 수원지검 성남지청, 형사 고발 건(2022.1.) – 이재명, 정진상, 유동규, 유한기

- 직권남용죄, 강요죄, 협박죄
  - 성남도시개발공사 황무성 사장을 사퇴하도록 압박하고, 사직서에 서명하도록 강요함.

12. 수원지검 성남지청, 형사 고발 건(2022.2.)

- 공직선거법(허위사실 공표) 위반죄
  - 2022년 1월 24일, 이재명이 대선 예비후보로 성남 상대원 시장을 방문, 유세 중에 눈물로 동정심 유발하며 친형 이재선이 하지도 않은 일을 한 것처럼 거짓된 사실을 공표함.

13. 공수처장, 검찰총장, 경찰청장에게 형사 고발 건(2022.2.) – 이재명, 김혜경, 배소현

- 특가법(국고 손실), 의료법 위반, 직권남용죄, 업무방해죄, 공직선거법(허위사실 공표) 위반죄
  - 배소현이 사실상 김혜경 비서 역할을 했고, 그 과정에서 소고기 법인카드 사용, 대리처방 등의 범죄를 저질렀는데도 이를 부정하는 발표를 함.

14. 분당경찰서장, 형사 고발 건(2022.4.) – 이재명, 윤기천, 정진상, 백종선, 이형선

- 불법체포감금 미수죄, 공용서류 등의 무효죄

- 2012년 7~8월쯤, 이재명의 뜻대로 분당 보건소장 이형선은 이재선을 정신병원에 강제 입원시키기 위해 앰뷸런스를 타고 가던 중에 중원경찰서장 경고로 중단했다. 이후 분당보건소에 보관해야 할 이재선 관련 강제 입원 서류가 이재명 시장 비서실의 지시로 모두 폐기해 버림. 공소시효 지나 고발을 취소함.

고발한 사건은 10여 건이 넘는다. 여기에서 주목할 것은 고발 시점이다. 그동안 이재명에 대한 그 많은 범죄 혐의가 성남시 안에서 조작되고 은폐될 수 있었던 것은 이재명을 둘러싼 일당들이 서로를 길들이며 악한 권력을 키워나갔기에 가능했다. 그들은 안하무인이었다. 자신감이 붙은 이재명 일당들은 더 큰 악한 권력을 위해 성남시를 벗어나기로 했다. 성남시에서 통했던 그 많은 거짓말이 경기도에서도 통할 거라 여긴 때문인지 이재명은 공영방송 초청 토론회에서 서슴없이 질렀고, 이를 포착한 나는 그의 거의 모든 범죄 혐의를 고발하기에 이르렀다. 그의 범죄 혐의를 고발함으로써 이재명과 그를 둘러싼 내부자들의 만행은 서서히 드러나기 시작했다.

대장동 사건은 내가 고발하지 않았다. 다른 분들이 고발했으나 그때까지만 해도 대장동 사건은 찻잔 속의 태풍처럼 머물렀다. 실체가 드러난 것은 내가 이재명의 범죄 혐의를 성남시에서 세상 밖으로 꺼내 고발한 '형 이재선의 정신병원 강제 입원 사건'이었다. 재판이 진행되면서 대장동 사건 역시 세간의 주목을 받아 탄력받기 시작했다. 대장동 사건은 20대 대선 정국에서야 폭발했다.

그런 점에서 2018년 5월 28일의 'KBS 초청 경기도지사 후보 토론회'는 여러 가지 의미가 있다. 자신에게 유리하게 하려고 했던 이재명의 거짓말은 달궈진 석탄 덩이를 집어 들고 상대 후보에게 보란 듯이 던진 듯했지만, 결과적으로 화상을 입은 것은 상대 후보가 아닌 그 자신이었다.

그날, 이재명이 집어 든 달궈진 석탄 덩이는 2018년보다 더 훨씬 전이었던 2002년에 그가 저지른 범죄 행위를 소환하게 했다. 변호사 신분으로 검사 사칭을 해 대법원에서 유죄 확정을 받은, 수의처럼 그를 감싸고 있는 화려한 전과前科 이력.

따라서 이 책《굿바이, 범죄꾼》은 유독 그를 향해서만 눈을 감고 있는 이들에게 보내는 원초적 본능의 메시지다. 눈을 감아 생긴 느슨해진 도덕 관념에 매몰되기보다 '법과 원칙' 앞에서 최소한의 양심에 쐐기를 박기 위함이다.

2023년 12월 끄트머리에서 끝의 시작을 하며

장영하 씀

악마를 보았다

I saw the devil

[장면 1] 악마의 연금술 히틀러처럼

　존재감이 절반은 마비된 듯했다. 내 눈 앞에 펼쳐진 그림을 본 순간 나는 심장이 멎는 듯했다. 2013년 6월 중순쯤, 나는 유럽의 도시를 돌며 명문 악단의 연주를 감상하는 여행을 다녀온 적이 있다. 그때 연주 중간마다 박물관과 미술관에서 전시되는 그림과 유물들을 감상했는데 기겁하며 내 걸음을 멈추게 한 그림 한 점이 있었다. 존 하트 필드John Heart field[01]의 '1933년 라이프치히에서의 자유 증인 청문회Free Hearing of Witness in Leipzig 1933'라는 작품이었다. 거대 권력자를 상징하는 커다란 손아귀로 사람들을 꼼짝 못하게 목줄을 거머쥔 풍자 그림이었다. 그 작품을 마주하는 순간 뇌리에는 성남시의

01　1891.6.19. ~ 1968.4.26. 독일 태생의 다다이스트. 본명은 헬무트 헤르츠 펠데Helmut Herz felde. 1918년 조지 그로스, 라울 하우스만 등과 함께 베를린 다다를 결성, 독일 공산당 창당 참가자로도 활동한 그는 나치 독일을 비판하는 정치적 저항 수단으로 사진이나 잡지, 그리고 신문 기사들을 오려 붙여 쓰는 콜라주 기법인 '포토 몽타주'를 사용했다.

John Heartfield 1891–1968
Born Germany, worked Germany,
Czechoslovakia, Britain

*Free Hearing of Witnesses in Leipzig
1933*
Freie Zeugenvernehmung in Leipzig
AIZ 13. no.10, 8 March 1934. p.147
On 27 February 1933, soon after Hitler
became Chancellor of Germany, the
Parliament building (the Reichstag) was set
on fire. The Nazis proclaimed a Communist
conspiracy, and used it as an excuse for
repression. Heartfield, by now working from
Prague because of Nazi persecution, ironically
dubbed the ensuing trial 'free'.

From the David King Collection
© Estate

〈사진 1〉 존 하트 필드의 '1933년 라이프치히에서의 자유 증인 청문회Free Hearing of Witness in Leipzig 1933'. 2013년 6월 9일 오후 7시 10분. 영국의 한 미술관에서 직접 촬영함.

현실이 섬광처럼 스쳐 지나갔다. 악마를 본 듯했다. 그날의 느낌은 지금도 여전히 미진처럼 가슴에 남아 있다. 커다란 손아귀는 이재명 성남시장이고, 목줄이 잡힌 사람들은 성남시민들로 여겨져 좀체 그것을 떨쳐낼 수가 없었다. 그날 이후 내내.

당시 내가 풍자 그림을 보면서 악마와 이재명을 오버랩하며 가졌던 생각은 10년이 훨씬 지난 지금도 변함이 없다. 이재명, 그가 있는 곳에는 일반 사람으로선 알 수 없지만, 언제나 권력으로 옥죄는 일들이 끊이지 않고 일어나 시끄러웠다. 또 그 일들을 해결해 가는 과정이 상식적으로는 도저히 이해가 안 되는 결과를 가져

굿바이, 범죄꾼

왔다.

그의 주변을 둘러싼 인물들의 면면을 들여다보면 상황은 훨씬 더 심각한 쪽으로 기운다. 욕설이 난무하고 고소와 고발이 춤을 춘다. 조직폭력배들이 얼씬거리는가 하면, 누군가는 납치당해 정신병원에 갇히기도 한다. 일단 그에게 찍히면 끝장날 때까지 괴롭힘을 당한다. 그래도 성에 안 차면 개딸(개혁의 딸)들을 왕창 풀면 된다.

불리하면 거짓말한다. 무상 연애하고 싶은 원초적 본능이 발동하면 총각 행세하면 된다. 거짓말이 들통날 상황이면 위증교사를 하면 된다. 거절하면 허락할 때까지 집요하게 가스라이팅한다. 정말로 들통날 상황이면 법관을 매수해 재판 거래를 하면 된다. 비타500 박스 몇 개면 충분하다.

사건이 터지면 모든 정황이 자신을 향해도 "나는 모르는 일이다", "모르는 사람이다", "다른 사람이 했다"라는 변명을 뇌까리며 빠져나가면 된다. 그런 다음엔 누군가 조용히 자살당한다. 한 명, 두 명, 세 명, 네 명, 다섯 명….

범죄를 더는 숨길 수 없어 처벌받을 상황이면 방탄조끼를 입으면 된다. 방탄이 뚫릴 거 같으면 수염 기르고 단식하는 척 자리에 드러눕는다. 보온병의 정체불명 음식 섭취로 의심을 사면 상시 대기 중인 앰뷸런스를 타고 가급적 멀리 떨어진 병원에 입원하면 된다. 범죄가 입증됐지만, 영장이 기각되면 자신을 지지하는 세력을 향해 거짓 선전 선동을 일삼으면 된다. "자, 봤지? 죄 없는 거?"

재판이 불리하면 변호인을 닦달하면 된다. 공천이 필요한 그들은 최선을 다해 그를 변호할 테니.

그러나 이를 어째? 성남시장을 하고, 경기도지사를 할 때는 보이지 않던 것이 대통령 경선을 하고 거대 야당 당대표를 하는 동안 하나둘씩 까발려진 것을. 거울을 보시라. 지금 그 얼굴이 사람의 얼굴인지. 주변을 보시라. 현재 옆에 붙어 있는 이들의 면면을. 독버섯처럼 잔뜩 독을 품은 이들만 남아 있지 않나. 자기 권력 강화에 플러스 되고, 무리가 안 생겨 자신이 막을 수가 있는 일이라면 무슨 일이든 해왔던 이재명, 그런 그에게도 마침내 균열이 일어나기 시작했다.

그 첫 단추는 그의 형 이재선 회계사를 강제 입원시키려던 사건에서다.

굿바이, 범죄꾼

[장면 2] 재판 거래, 가득 피었습니다

2018년 5월 28일, 'KBS 초청 2018 지방선거 경기도지사 후보 토론회' 이후 이재명은 공직선거법 위반죄로 재판을 받게 되었다. 1심에서 무죄를 받았지만, 2심에서 벌금 300만 원을 판결받아 자칫 경기도지사직을 잃을 상황이었다. 이재명은 상고했고 대법관 4명의 소부에서 전원합의부로 넘어갈 무렵, 나는 이재명 측근에게서 나온, 항간에 나돌던 얘기를 들었다.

'대법원에서 우리(이재명 측)가 무죄 받을 수 있다.'

그 얘기를 듣는 순간 나는 해머로 머리를 세게 얻어맞은 듯했다. '아, 이 자들이 엄청난 로비를 했구나. 대법관을 구워삶았구나'라는 생각이 들면서 의심의 여지 없이 이재명 측에서 나온 말이 현실이 될 거라 확신했다. 이재명은 그러고도 남을 인간이란 걸 누구보다 잘 알기 때문이다.

나는 그 사건이 무죄가 선고되면 안 된다는 신념으로 당시 성남 FC 사건을 고발한 이후에 자료를 모아 추가 고발하려 했던 것을 챙겨서 경기도지사 후보였던 김영환 현 충북지사로부터 소개받은 곽상도·하태경·정경식·정점식 의원을 찾아가 준비했던 자료를 건네며 말했다.

"제가 드리는 이 자료를 가지고서라도 대법원에서 이재명의 무죄가 선고되는 것을 막아야 합니다. 이 사건은 제가 고발했고, 법리상 무죄가 나오면 도저히 안 되는 사건인데 저는 결과적으로 무죄가 나올 것을 확신합니다. 그렇지만 어떡하든 이를 막아야 합니다. 이재명은 무서운 자입니다. 만약에 상고가 기각되지 않고 무죄가 나온다면 이후 대한민국은 걷잡을 수 없이 심각한 상황이 될 것입니다."

누구 하나 내 말에 관심을 두거나 귀 기울이지 않았다. 돌이켜 보니 관심을 두지 않을 이유가 따로 있었다.

이 책은 무죄가 나올 수 없는 이재명의 범죄가 대법원에서 무죄가 선고되며 대한민국을 아수라장으로 만들었던, 이재명 리스크에 관한 내용이다. 친형 이재선을 정신병자로 몰아 강제 입원시키려 했던 이 사건의 고발은 이재명의 다른 무수한 범죄 사건들을 수면 위로 떠오르게 했다. 이 사건을 고발하지 않아 이재명을 법정에 세우지 않았다면 이재명의 다른 사건들은 조용히 덮였을 것이다. 당시의 분위기가 그러했다.

성남시장 시절, 시장실에서 이재명·정진상·윤기천 등이 모여 친형인 이재선 회계사를 강제 입원시킬 것을 모의해 백종선에게 모처에서 이재선을 붙잡아 두게 하고 앰뷸런스까지 출동시켜 실행하려던, 이를 덮기 위해 모든 서류를 파기해 버린, 그 사건을 낱낱이 공개했다. 유쾌하지도 유익하지도 않은 범죄 이야기를 다시 들먹이게 된 것은 이재명이 자신의 친형을 정신병원에 강제 입원시키려 했던 사건이 단순하지 않기 때문이다. 현재 이재명이 재판받고 있는 거의 모든 사건과 연관돼 있다. 그가 저지른 범죄의 민낯을 처음부터 알고 있던 사람이 바로 그의 친형 이재선 회계사였고, 이를 경고했던 형은 이재명에게 큰 화근이었다. 더 놀라운 것은, 이재명이 친형 이재선 회계사에게 했던 악랄한 모든 범죄 수법은 어제는 동지였지만, 오늘은 다른 길을 가는 사람들을 향해 쓴 수법과 복사한 듯 닮았다는 점이다.

가해자였고 피의자였다가 현재 이재명이 관련된 거의 모든 사건 재판의 증인이 된 유동규의 생생한 고백은 《굿바이, 범죄꾼》을 출간하는 데 큰 힘이 되었다.

이 책을 준비하는 내내 카라얀이 지휘하는 '아다지오' 중 알비노니를 듣는 듯 가슴이 미어지고 힘들었다. 비장하고 결연한 마음이었다. 이재명의 측근이었다가 극단적 선택을 한 전형수 전 비서실장, 이재명의 변호사비 대납 비리를 폭로한 시민운동가 이병철 님, 유한기 님, 김문기 님, 그리고 누구보다 정의로웠던 회계사 이재선 님. 그들의 삶은 대체 어떤 것이었고, 현재 내 삶은 무엇인가를 고민했다. 심장이 아파서 터질 만큼. 그리고 내린 결론은 그분들의 명예 회복을 위해, 또 나의 이런 심정이 통하는 분들과 함께 힘을 내 대한민국의 시간을 바로잡기로 했다.

차례

3부   성남이 다시 태어나야

10장   끝나지 않은 시련

11장   진실 불변의 법칙, 민심

1부

범죄에 관한
거의 모든 것

생생한 리얼리티
그 위에 세워진
음산하고 공포스러운 세계

한 남자는
수단과 방법을 가리지 않는 범죄꾼이고

한 남자는
범죄꾼으로부터 세상을 지키려 한다

범죄꾼을
소개합니다

"나는 모르는 일이다.
내가 한 일이 아니다.
담당자가 한 일이다.
그 사람을 모른다."

_이재명

마음이 합니다, 그의 모든 삶이
범죄로 차고 넘치게

　　　　　　　　사람이 뭔가를 변명하기 시작하면 끝이 없다. 그를 보라. 대한민국은 그의 말도 안 되는 변명으로 가짜와 진짜가 섞이고 늘어지면서 깽판이 된 지 오래다. 징글징글하다. 역겹다. 끔찍하다. 이름만 들어도 소름이 확 끼친다.

　눈치챘으리라. 그렇다. 그다, 범죄꾼 이재명. 그를 모르는 사람은 없을 터. 그렇지만 나는 그의 이력을 지금부터 열거할 예정이다. 당신과 나의 소중한 지난 기억을 하나하나 되살리고 싶은 마음으로 그의 발자취를 더듬는 것이 아닌, 그의 과거가 그의 현실에 있어 불가분의 관계일 수밖에 없어 더듬는다. 질문 속에 대부분 답이 있듯, 그의 이력을 들여다보는 것으로 이 글을 쓰는 내 속내를 드러내고자 한다.

넝마장수 같은 삶을 살다

　　　　　　　　이재명. 그는 성남시에서 변호사 활동과 함께 1994년에 '성남시민모임'을 결성한 후 2003년부터 2004년까지 집행위원장과 국가청렴위원회 성남 부정부패 신고 센터 소장을 역임했다. 지금에 와서 돌아보니 당시 그가 국가청렴위원회 센터 소장을 맡았다는 건 코미디 같은 일이 아닐 수 없다. 2005년에 1공단 공원화 운동에 참여했다가 정치 활동을 시작해 2006년

5월 31일에 실시된 제4회 지방선거 성남시장 선거에 열린우리당 후보로 출마했으나 낙선했다.

2007년에는 대통합민주신당 부대변인으로 활동했으며, 2008년 4월 9일에 실시된 제18대 국회의원 선거 경기성남분당 '갑'에 통합민주당 후보로 출마했지만 역시 낙선했다. 2009년에서 2010년까지 성남정책연구원[02] 공동대표를 역임하기도 했다.

이후 2010년 6월 2일 실시된 제5회 지방선거 성남시장 선거에 민주당 후보로 출마하면서 '성남도시개발공사 설립, 1공단 전면 공원화, 위례신도시 사업권 확보, 분당 리모델링 특구 추진, 리모델링 지원 조례 제정' 등을 주요 공약 사항으로 내세우고 당선돼 같은 해 7월 1일 제19대 성남시장에 취임했다. 실제로 그는 2013년 9월 12일에 성남시가 100% 출자한 성남시 산하 지방공기업인 '성남도시개발공사'를 설립했다. 이재명은 성남시의 주주권 행사자와 공사 업무 감독권자인 성남시장으로서 2018년 3월 14일까지 공사의 경영상 주요 사항을 결정했다. 임원 임면권 역시 행사하며 경영을 총괄했다.

이 대목은 이재명의 범죄 혐의에 있어 매우 중요한 부분이라 설명을 덧붙인다. '성남도시개발공사'는 이재명이 설립했고, 실질적으로 모든 업무를 감독한 것도 이재명이며, 주요 사항을 결정

---

02   2005년경 성남지역의 교수와 기업인, 변호사 등이 모여 지역 발전과 지역 통합 방안 연구 명목으로 결성한 민간단체로, 2009년경 중점 의제를 신도시 리모델링 활성화로 설정했다.

한 것도 이재명이다. 당연히 임면권 행사 역시 이재명이 총괄했다. 그런데 이재명의 범죄 혐의 중에서 성남도시개발공사와 관계된 사건 모두는 이재명에 의해 부인된다.

"나는 모르는 일이다.
내가 한 일이 아니다.
담당자가 한 일이다.
그 사람을 모른다."

자, 정말 그럴까? 성남도시개발공사에서 행해진 일이 감독권자이고 결정권자이며, 임면권자인 이재명이 모를 수 있는 일인가? 법적으로 짚어보기로 한다.

＊ 성남도시개발공사 설립과 성남시의 주주권 행사자와 공사 업무 감독권

「지방공기업법」 제55조(지방자치단체의 주주권 행사): 지방자치단체가 소유하는 주식에 대한 주주권은 지방자치단체의 장 또는 장이 지정하는 소속 공무원이 행사한다. 동법 제73조(감독 등) ① 지방자치단체의 장은 공사의 설립·운영 등 공사의 업무를 관리·감독한다.

＊ 공사의 경영상 주요 사항의 결정

「지방공기업법」 제54조(다른 법인에 대한 출자) ① 공사는 공사의 사업과 관계되는 사업을 효율적으로 수행하기 위하여 지방자치단체의 장의 승인을 받아 지방자치단체 외의 다른 법인에 출자할 수 있다. 동법 제65조의 3(신규 투자사업의 타당성 검토) ① 공사의 사장은 대통령령으로 정하는 규모 이상의 신규 투자사업을 하려면 대통령령으로 정하는 방법 및 절차에 따라 사업의 필요성과 사업계획의 타당성을 검토하여 지방자치단체의 장에게 보고하고 의회의 의결을 받아야 한다.

「성남도시개발공사 설립 및 운영에 관한 조례」 제35조(감독) ② 공사는 다음 각 호의 사항에 대해서는 시장의 승인을 얻어야 한다.

1. 기구 및 정원에 관한 사항
2. 예산의 편성 및 변경에 관한 사항
3. 임직원의 인사 규정, 보수 규정(연봉제 규정, 복리후생 규정 포함) 및 퇴직금 규정(명예퇴직 규정 포함) 등 중요한 규정의 제정·개정 및 폐지에 관한 사항
4. 그 밖에 시장이 필요하다고 인정하는 사항

＊ 공사의 임원 임면권

「지방공기업법」 제58조(임원의 임면 등) ② 사장과 감사는 대통령령으로 정하는 바에 따라 지방공기업의 경영에 관한 전문적인 식견과 능력이 있는 사람 중에서 지방자치단체의 장이 임면任免한다. 다만, 제50조 제1항에 따라 설립된 공사의 경우에는 지방자치단체 간의 규약으로 정하는 바에 따른다. ⑤ 지방자치단체의 장은 다음 각 호의 경우 사장을 임기 중에 해임할 수 있다.

위에서 살펴봤듯이 이재명이 부인한 것은 죄다 거짓말이다.

이재명은 또한 2014년 6월 4일에 실시된 제6회 지방선거 성남

시장 선거에 새정치민주연합 후보로 출마해 '제1공단-희망대공원 연계 녹지공원 조성, 한국식품연구원 부지 등 공공기관 이전용지에 대한 공영개발로 자주 재원 1조 원 확보, 서민 주거환경 개선을 위한 임대주택 1만 호 공급 등을 주요 공약 사항으로 내세워 재선에 성공한 후, 2018년 3월 14일까지 성남시장을 역임하면서 '자주 재원 1조 원 확보'를 위한 '수익사업'으로 성남시 수정구 소재 위례신도시 A2-8블록 공동 주택 신축 사업(일명 '위례신도시 개발사업')을 추진했다. 성남시 분당구 백현동 소재 공공기관인 한국식품연구원 이전부지의 용도지역 변경과 공동 주택 등 신축 사업(일명 '백현동 개발사업')을 포함한 성남시 소재 공공기관 지방 이전에 따른 유휴부지 활용 방안 수립과 관련 인허가 등을 주도적으로 추진했다.

2010년 7월 1일, 제19대 성남시장 취임 직후 전임 시장이 판교신도시 특별회계에서 사용한 5200억 원을 단기간 내에 갚을 수 없다는 이유를 내세워 모라토리엄(지급유예)을 선언한 후 제6회 지방선거를 약 5개월 앞둔 2014년 1월쯤에 '성남시가 재정 위기를 극복한 것'으로 홍보하며 2014년 6월 4일에 실시된 선거에서 성남시장에 재선되었다.

그는 2014년 1월쯤, 위 모라토리엄을 명분 삼은 성남시 재정 위기를 극복한 사례로 주식회사 성남시민프로축구단(일명 '주식회사 성남FC') 창단을 홍보했다. 그때부터 이재명은 2018년 3월 14일까지 성남FC 당연직 구단주로 재직하며, 2010년 7월 1일에서 2016년 8월 29일까지 성남FC 1대 주주인 '성남시체육회' 회장직을 맡았다. 기존의 '성남시체육회'와 '성남시 생활체육회'를 통합해 2016년 8월 30일에 출범한 '성남시체육회' 초대회장을 맡았으며, 2013년 1월 14일에 성남FC 2대 주주인 '성남시장애인체육회'를 설립해 초대회장으로 활동했다.

재선 이후 그는 성남시민 채무 감소 등을 주요 정책으로 내세우며 2015년 2월쯤에 '성남금융복지상담센터'를 설립해 2015년 8월 27일 저소득층 부채 탕감을 표방하는 소위 '롤링주빌리' 운동을 전개하기 위해 만든 단체 '주빌리은행'의 은행장으로 활동했다.

이후 2018년 6월 13일에 실시된 제7회 지방선거 경기도지사 선거에 더불어민주당 후보로 출마하면서 대장동 도시개발사업에서의 공공수익 5503억 원 환수 등을 주요 치적으로 내세워 경기도지사에 당선됐다. 같은 해 7월 1일 제35대 경기도지사에 취임했으며, 2021년 10월 10일 더불어민주당 제20대 대통령 후보 경선에서 후보자로 선출된 후 같은 달 25일 경기도지사직에서 자진해서 사퇴했다. 2022년 3월 9일에 실시된 제20대 대통령선거에 더불어민주당 소속 후보자로 출마하였으나 낙선했다. 2022년 6월 1일 실시된 인천계양구 '을' 국회의원 보궐선거에 더불어민주당 후보로 출마해 당선한 후, 2022년 8월 28일 실시된 더불어민주당 제5차 정기전국대의원대회에서 당대표로 선출돼 현재 재직 중이다.

자, 여기서 눈여겨볼 것은 이재명 그의 이력 전체다. 눈치챘으리라. 그의 이력 하나하나는 현재 거의 모든 범죄와 연결돼 기소 중이거나 재판 중이다. 정치 활동 18년 남짓, 그의 정치 활동은 영

화 '마더'의 결말보다 훨씬 충격적이다. 그래서 나는 그를 '범죄꾼'
이라 부를 수밖에 없다.

모든 범죄는 그에게로 통한다

　　　　　　　　　현재 이재명이 불구속 기소되어 재
판받고 있는 범죄 혐의는 다음과 같다.

- 공직선거법 위반
- 대장동, 정진상[03], 김문기[04], 유동규[05], 이병철, 유한기[06], 김만배[07]

- '불법 대북송금 사건' 관련 특정범죄가중처벌 등에 관한 법률
위반(뇌물) 및 외국환거래법 위반(수사중)

03　주요 인물, 4장에서 다룬다.

04　이재명이 성남시장이 되기 전부터 알고 지내던 인물. 그에게 대장동 관련 업무를 보고 받
　　던 이재명은 대장동 개발 논란이 일자 대장동 총괄 업무를 담당했던 그를 "몰랐고요,
　　하위 직원이었으니까요"라며 그의 존재를 부인했다. 그는 2021년 12월 21일 대장동 개
　　발사업과 관련하여 초과이익 환수 조항 삭제 등과 관련된 핵심 참고인 검찰 조사를 앞두
　　고 사망했다.

05　주요 인물, 4장에서 다룬다. 이재명의 최측근으로 이재명을 위해 자살을 결심했다가 그
　　간의 잘못을 뉘우치고 이재명 관련 다수의 사건에 주요 증인으로 참석해 세간에 화제가
　　되고 있다.

06　대장동 개발사업 주무 부서인 개발사업본부 본부장. 뇌물 받은 의혹으로 구속영장이 청
　　구되자 사망했다.

07　이재명의 범죄 의혹에 관여한 인물. 4장에서 다룬다.

– 이화영, 김성태, 방용철, 안부수

• 백현동 개발사업 관련 특정경제범죄 가중처벌 등에 관한 법률 위반(배임)
– 정진상, 정바울[08], 김인섭, 김용[09]

• 공직자의 이해충돌방지법 위반
– 김만배, 남욱, 정영학, 유동규, 정민용

• 부패방지 및 국민 권익위원회의 설치와 운영에 관한 법률 위반
– 유동규, 남욱, 정영학, 주지형, 정재창

• 범죄수익 은닉의 규제 및 처벌 등에 관한 법률 위반
– 곽상도, 곽병채, 김만배, 최우향, 이한성

• '검사 사칭' 공직선거법 위반 사건 관련 위증교사
– 최철호[10], 김진성,[11] 전형수[12]

---

08 백현동 개발업자.
09 이재명의 최측근.
10 KBS PD. 뒤에 '검사 사칭' 부분에서 자세히 다룬다.
11 고 김병량 성남시장의 수행비서.
12 이재명 경기도지사의 비서실장. 2023년 3월 9일, 유서를 남기고 자택에서 사망한 채로 발견되었다. 각주 18 참조.

폭발된 침묵

　　　　　　　이재명과 관련된 사건은 대부분 복잡하다. 하나하나 열거해서 죄목을 설명하기에는 적절하지 않다고 판단한다. 가장 쉽게 이해하는 방법은 이재명이 위례신도시, 백현동, 대장동, 정자동 등에서 지은 아파트 총세대를 살피면 사건의 복잡성을 쉽게 이해할 수 있다.

　　위례신도시 1,200채

　　대장동 5,903채

　　백현동 1,223채

　　정자동 506채

　　총 8,832채

　　이재명은 애초에 이들 지역을 개발하면서 서민들을 위한 임대 아파트를 지어 분양하겠다고 성남 시민들에게 약속하고는 지키지 않았다. 대장동에 서민 아파트를 짓겠다며 평당 1100만 원대에 분양한다고 해놓고 일반 아파트를 지어 많게는 평당 3500만 원을 육박한 금액으로 분양했다. 25%를 임대아파트로 짓겠다던 대장동은 6.72%에 그쳤고, 백현동은 90%를 일반 아파트를 지어 분양했다. 그뿐만 아니라 백현동은 비합법적으로 용적률을 높여서 예정된 아파트보다 훨씬 더 많은 아파트를 분양해 폭리를 취했다.

용도 변경으로 옹벽 아파트까지 지으면서 3000억 원을 넘게 벌었다고 한다. 그러니 9,000여 채에 달하는 아파트를 지어 얻은 이득이 얼마쯤 될까. 수천억 원은 넘을 거로 추정된다.

여기서 따지듯 묻는 사람들이 더러 있을 것이다.

"지방 자치단체장이 지역 개발을 하여 돈을 많이 벌면 잘한 일이 아닌가?"라고. 그것이 이재명의 노림수다. 문제는 이재명이 성남 시민들에게 했던 약속을 어긴 데 있다. 애초의 약속대로 1100만 원대로 분양을 했다면 말 그대로 서민들에게 많은 혜택이 가지 않았겠는가 하는 점이다. 그다음 문제는 그 모든 사업을 공공기관이 주도해야 할 것을 민간 주도로 진행하면서 자신의 최측근 몇 사람의 주머니를 두둑하게 한 사실이다. 마땅히 국민에게 돌아가야 할 것들이 자신의 최측근 이익으로 돌리는 과정 중에서 얽힌 온갖 비리와 범죄. 몇몇 사람의 주머니가 아닌, 성남시가 돈벼락을 맞았다면 지금의 성남시는 달라지지 않았을까.

최측근들의 주머니를 불리는 과정에서 이재명이 저지른 범죄 수법은 상상을 초월한다. 불리한 사안에 직면해서는 그 모든 것을 실무자들에게 책임을 전가해 버린다. 그러고는 따지듯 되묻는다.

"저에게 무슨 문제가 있습니까? 뭘 잘못했다는 겁니까?"

지금껏 세상에 존재하는 빌런 중 최고 빌런의 워딩이 아닐 수 없다. 그의 심복이라고 해도 과언이 아닐, 최근 양심 고백을 한 유동규 씨가 했던 말로 갈음하고자 한다.

"내가 지은 죄는 내가 받고, 네 죄는 네가 받아야지."

앞에서도 언급했듯이 나는 이재명의 수많은 범죄 중에서 직권남용과 공직선거법 위반에 해당하는, 고 이재선 회계사와 관련된 사건을 집중해 정리하고자 한다. 이 문제가 이토록 심각한 것은 사건의 사악함에 있다. 이 사건은 내가 직접 고발함으로 인해 이재명의 사악함이 만천하에 까발려지기 시작했는데 악랄하고 사악해 사람들이 굳이 맞서지 않고 외면하려던 통념을 깼다. 더구나 고 이재선 회계사와 관련된 사건이 중요한 것은 내재한 심각성이다. 절대로 무죄가 나올 수 없는 사건이 무죄로 판결 나는 과정 중에 대두된 재판 거래 의혹.

재판 거래가 가능하다면 굳이 재판이라는 절차가 왜 필요하겠는가. 재판은 억울한 사람에게 씌워진 치욕과 누명을 씻어 줄 마지막 보루다. 그래서 나는 이재명이 흔든 대한민국의 근간을 바로잡는 차원에서 그 진실의 기록을 써나가게 된 것이다.

〈표 1〉 **이재명 관련 장영하 변호사의 고발 내용**

순서	시기	대상	형태	접수처	죄명
1	2018.6.	이재명	형사고발	수원지검 성남지청	공직선거법(허위사실공표) 위반죄, 직권남용죄, 특가법(제3자 뇌물죄)
2	2018.8.	이재명	형사고발	수원지검 성남지청	공직선거법(허위사실공표) 위반죄, 직권남용죄, 특가법(제3자 뇌물죄) 위반죄
3	2018.8.	이재명, 1,002명의 성남시 공무원	형사재고발	경기남부경찰청	공직선거법(부정선거운동죄, 공무원등의선거관여 등 금지) 위반죄
4	2018.9.	이재명		수원지검 성남지청	공직선거법 (각종 제한 규정 위반)
5	2018.11.	이재명	형사고발	수원지검 성남지청	공직선거법 (허위사실공표)
6	2021.2.	이재명, 성남FC 후원금 관계자들	형사재고발	검찰총장	특가법(제3자 뇌물죄)
7				경찰청장	
8	2021.7.	상동	수사촉구	분당경찰서	
9	2021.9.	이재명, 권순일	형사고발	서울중앙지검	특가법(수뢰죄), 증뢰죄, 변호사법 위반죄
10	2021.10.	이재명	형사고발	대구지검 안동지청	공직선거법(허위사실공표)
11	2021.10.	이재명, 정진상, 유동규, 유한기	형사고발	수원지검 성남지청	직권남용죄, 강요죄, 협박죄
12	2022.1.	이재명	형사고발	수원지검 성남지청	공직선거법(허위사실공표)
13	2022.2.	이재명, 김혜경, 배소현 등	형사고발	공수처장, 검찰총장, 경찰청장	특가법(국고손실), 의료법위반, 직권남용죄, 업무방해죄, 공직선거법 (허위사실공표)
14	2022.4.	이재명, 윤기천, 정진상, 백종선, 이형선 등	형사고발	분당경찰서장	불법체포감금미수죄, 공용서류 등의 무효죄

잡범 기술,
빌드 업build-up

이재명은
마치 자신의 일방적인 주장이
사실인 것처럼 김진성에게
주입하듯 말하며 허위 증언을
해 줄 것을 요구했다.

공무원자격 사칭 기술

2023년 12월, 현재 이재명은 수많은 혐의로 재판을 받고 있다. 이미 그가 전과 4범의 기록을 갖고 있다는 것은 공공연한 일이다. 물론 일반 사람들이라면 상상도 할 수 없는 기록이다. 범죄가 주업인 사람이라면 몰라도. 더구나 그는 성남시장을 연거푸 두 번을 8년간 하고, 경기도지사를 거쳐 2022년 당시에는 여당 대통령 후보였다. 거기에 그치지 않고, 대선에서 패한 지 석 달도 되지 않아 국회의원 보궐선거에 출마해 당선되지 않았나. 이는 우리가 기억하는 정치사 저편의 과거에서부터 최근에 이르기까지 찾아볼 수 없고 있을 수 없는, 그렇게 사람들이 말하는, 하지만 정말로 또 뭔가를 할 거라고 믿고 싶어 하지는 않는 그런 일을, 그렇다. 그는 그렇게 계속 만들어 냈다.

더더욱 놀라운 사실은 앞서 언급한 그 4건의 범죄가 선출직 공직자로 나서는 후보가 갖춰서는 안 될 전과라는 사실이다. 그는 자칭 시민운동가였고 변호사다. 시민운동은 권력과 싸움에서 공정성과 도덕성이 우선시되어야 한다. 그런 시민운동가가 잡범이나 할 범죄를 저질렀다니.

선거법 위반

도로교통법 위반

특수공무집행방해 공용물건손상

무고 및 공무원자격 사칭

2010년 성남시장 선거 기간 중에 지하철에서 명함을 나눠주다가 선거법 위반으로 기소돼 벌금 50만 원을 내고, 음주운전으로 150만 원 벌금을 내고, 성남시의원 3명을 폭행해 전치 2~3주 상처를 입히고, 의회 집기 일부를 파손해 벌금 500만 원을 선고받은 것은 흔한 일은 아니어도 그럴 수 있다고 치자. 물론 저질러선 안될 전과지만 시쳇말로 재수 옴 붙어 그런 일이 생겼다 쳐도 '무고 및 공무원자격 사칭' 전과는 대체 뭐란 말인가. 앞의 전과는 의도하지 않은 상태에서 생긴 일이라 해도 '무고 및 공무원자격 사칭'은 의도하지 않고선 절대 일어날 수 없는 전과다. 그것도 변호사 신분으로 '무고 및 공무원자격 사칭'이라?

범죄, 선행수업 효과

이 사건은 속내를 들여다보면 훨씬 더 심각하다. 2002년으로 거슬러 올라간다. 당시 성남시장에 당선된 민주당 김병량 시장이 성남시 분당구 정자동의 파크뷰 용도 변경을 추진했을 때의 일이다. 상업지구를 아파트 지을 용도로 변경하는 과정 중에 김병량 시장은 지역시민단체와 정면으로 충돌했다. 이때 백궁·정자지구 용도 변경 반대 운동에 앞장선 이가 이재명이었다. 그는 김병량 시장 퇴진운동본부를 구성해 김병량 시장과 강력하게 맞섰다.

2002년 5월 10일, 이재명은 자신의 사무실에서 당시 정자동 일대 파크뷰 시행사 회장과 김병량 시장의 유착 의혹을 취재 중이던 KBS '추적 60분' 최철호 PD에게 김병량 시장 비서실로 전화해 용도 변경 고발사건 담당 검사 서 모 주임 검사로 속이도록 유도했고, 최 PD는 "수원지검 서 검사인데 제가 조사하는 참고인이 시장님께서 모 회장에게 은갈치를 받았고, 골프를 쳤다고 진술하는데 시장님 확인을 받고 싶어 전화했다"면서 검사를 사칭했다.[13] 이재명은 두 사람의 대화를 엿들으며 질문을 종이에 적어주는가 하면, 나지막한 목소리로 보충 설명했다. 최철호 PD는 이재명이 알려 준 질문 사항에 따라 검사가 피의자 신문하는 것처럼 김병량 시장에게 유도 질문하며 얻어 내는 식으로 조사했다.

2002년 6월 13일 성남시장 선거를 불과 한 달여 앞둔 5월 23일, 이재명은 당시 검사로 속이고 김병량 시장과 최철호 PD가 통화했던 내용을 성남시청 브리핑실에서 기자회견을 열어 녹음테이프를 공개해 버렸다. 당시 이재명이 최 PD로부터 녹음테이프를 받을 때는 공개하지 않고 갖고만 있겠다고 해놓고 바로 공개해 버렸다. 당연히 파장이 컸다. 김병량 시장은 그 일로 3주 뒤에 치러진 선거에서 낙선했다.

김병량 시장으로선 서 검사와의 통화 내용이 폭로된 경위를 확인할 수밖에 없었고, 실제 서 검사가 아닌, 서 검사로 속여 자신과

13   16년 전 이재명 경기지사는 왜 검사를 사칭했나, 《세계일보》, 2018.11.24.

통화했던 최철호 PD와 이를 공모한 이재명을 고소했다. "최철호 PD와 이재명이 검사로 사칭해 불법으로 녹음하고 공개해 명예를 훼손했다"는 내용으로. 그러자 이재명은 적반하장으로 "최 PD에게 녹음테이프를 받은 건 적법했고, 그 녹음테이프가 불법이라는 주장은 내 명예를 훼손한 것"이라며 김 시장을 맞고소했다. 말하자면 녹취록이 불법이라는 주장 자체가 자신의 명예를 훼손했다는 거였다.

결국 최철호 PD는 공무원자격을 사칭해 그 직권을 행사한 혐의 등으로 재판에 넘겨졌고, 이재명도 공범으로 기소됐다. 지방선거를 앞두고 문제의 녹취록을 공개해 후보자인 김병량 시장을 비방하고(공직선거법 위반) 무고한 혐의도 적용됐다.

그 일로 이재명은 구속되어 1심에서 벌금 250만 원, 항소심에서 벌금 150만 원을 선고받았다. 2004년 12월 24일 대법원에서 유죄 판결이 확정됐다.

이재명은 검사 사칭 공범에다가 무고죄(공직선거법 위반은 제외)로 벌금형을 받았다. 그렇지만 이재명은 이 사건에 대해 "누명을 썼다"며 떠들다가 고발당해 위증교사[14] 혐의로 재판을 받고 있다. 현재 떠들썩한 위증교사 사건이 바로 위 사건이다.

목적을 위해 수단과 방법을 가리지 않는, 변호사로서 서슴지 않고 검사 사칭을 공모했다는 사실은 같은 법조인으로서 너무나 부

---

14   이 내용은 뒤에서 자세히 다룬다.

끄러운 일이 아닐 수 없다. 성남시장 재직 시 자신을 반대하는 주민이나 언론을 무차별적으로 고소·고발해 '고소대마왕'으로 등극한 데는 그만한 이유가 있다.

이 사건에서 한 가지 더 들여다볼 것은 당시 김병량 시장은 지방선거를 앞둔 여론조사에서 상대 후보를 앞서고 있었는데 이재명의 범죄로 낙선했다. 이후 이재명은 열린우리당에 입당하고 정치를 시작했는데 얄궂게도 김병량 시장과 같은 당이다. 내부의 적을 물리치고 그 자리를 꿰찬 셈이다.

악마의 유혹, '위증교사'

앞에서 언급했듯이 이재명은 2004년 12월 24일 무고 및 공무원자격 사칭으로 유죄를 확정받았다. 그런데 14년이 지난 2018년 5월 29일, '2018 지방선거 경기도지사 후보 KBS 초청 토론회'에서 이재명은 이를 부정했다. 당시 바른미래당 소속 김영환 후보자가 '검사 사칭' 사건과 관련한 이재명의 가담 여부를 물었다.

김영환 검찰 사칭했죠?

이재명 제가 한 게 아니고 피디가 사칭하는데… 제가 인터뷰 중이었기 때문에… 제가 그걸 도와줬다는 누명을 썼습니다.

김영환 그래서 구속됐습니까, 안됐습니까?

이재명 구속됐습니다.

김영환 벌금형 받았죠?

이재명 받았습니다. 150만 원.

김영환 지금 하신 일이 다 정의를 위해서 한 일입니까?

이재명 저는 이 사회에 부정부패를 감시하기 위해서 열심히 노력
했습니다. 그리고 저는 보복당했다고 생각합니다. 저는 검
사를 사칭해 전화를 한 일이 없습니다. 피디가 한 거를 옆에
서 인터뷰하고 있었다라는 이유로 제가 도와준 걸로 누명
을 썼습니다.

이날 방송을 지켜보던 나는 순간 내 귀를 의심했다. 더 기막힌
것은 토론 시간을 추가로 요청한 이재명의 발언이었다.

이재명 파크뷰 특혜분양 사건이라고 기억하시는 분들 많으실 것입
니다. 파크뷰 특혜분양 사건을 제가 추적해서 폭로했습니
다. 그래서 제가 고소당했지요. 어떤 모 방송에서 저를 인터
뷰를 했는데 인터뷰를 할 때 전화가 걸려 온 거예요. 시장(김
병량)에게서. 그래서 그분(최 PD)이 전화로 내가 어디어디 검
사인데 사실대로 얘기하라, 이렇게 이야기했죠. 저는 일보
고 있었습니다. 이거를 제 사무실에서 인터뷰 중에 한 것을
걸어서 제가 도와준 걸로 됐다는 것 말씀드리고요.

——————————————————— 굿바이, 범죄꾼

나는 토론 방송이 끝나자마자 이재명을 '검사 사칭' 관련 허위사실 공표로 인한 공직선거법 위반으로 고발했다. 이재명은 2002년에 검사 사칭으로 형사 처벌까지 받았으면서도 경기도지사에 당선될 목적으로 자신은 누명을 썼던 거라며 거짓 발언을 했다. '최철호 PD가 자신과 인터뷰 중에 김병량 시장으로부터 전화를 받고 자신과 무관하게 검사로 속여 김병량과 통화한 것'처럼 발언하여 경기도지사 후보인 이재명에게 유리하도록 허위사실을 공표했다. 범행에 가담한 사실이 판결문에 명시돼 있음에도 말이다.

국민이 보고 있는 방송에서 아무런 거리낌 없이 허위사실을 공표했음에도 이재명은 2018년 6월 13일 지방선거에서 경기도지사에 당선됐다. 숨 쉬는 것을 제외한 모든 게 거짓인 이재명의 악마 본성을 경기도민이 모른다는 게 개탄스러웠다. 그때까지만 해도 경기도민은 성남시장을 두 번이나 했던 이재명이 '그럴 리가 없다'라며 됨됨이에 세모에 가까운 물음표를 붙였다.

국민이 여전히 이재명에게 세모에 가까운 물음표를 붙인 사이 이재명은 또 다른 음모를 준비하기 시작했다. KBS 토론회에서 국민을 상대로 '검사 사칭' 허위사실을 공표한 것이 나의 고발로 2018년 12월 11일 수원지방법원 성남지원에 공직선거법 위반죄로 불구속 기소가 된 것이다. 이재명으로선 큰일이 아닐 수 없었다. 방송 당시엔 넘어갈 수 있었으나 판결문이 남아 있던 터라 유죄가 인정될 게 분명했다. 최소 100만 원 이상의 벌금이나 집행유예, 실형 등 중형의 선고가 예상되기에 경기도지사직을 잃을

게 뻔했다. 선거 때 보전받은 40억 원 상당의 비용을 토해낼 판이었다. 이재명은 이를 덮기 위해 위증으로 재판부를 기만해 유리한 판결을 받기로 작정(추정 사실)하고, 위 선거법 재판 당시 백현동 옹벽 아파트 이익 배분에 깊숙이 관련된 김병량 시장 수행비서였던 김진성을 찾아냈다. 경기도지사 직위를 이용해 위증교사를 시도했다.

타인의 기억을 조작하다

이재명은 검사 사칭과 관련해 허위 사실을 공표한 공직선거법 위반 혐의로 불구속 기소가 되자 다음과 같은 취지로 변소[15]하며 혐의를 부인했다.

"검사 사칭 사건은 김병량 성남시장이 재선에 방해되는 이재명을 강하게 처벌하기 위해 KBS 측과 모의해 실제 검사 사칭을 했던 최철호에 대한 고소를 취소하는 대신 당시 김병량 정책에 반대했던 이재명을 주범으로 몰아간 사건이다. 때문에 '2018 지방선거 경기도지사 후보 KBS 초청 토론회'에서 '억울하게 누명을 썼다'라는 취지의 발언은 단순히 의견을 표명한 것에 불과하다. 설령 단순한 의견 표명이 아니더라도 김병량 시장이 KBS 측과 최철호 등이 이재명을 주범으로 몰

---

15   辯訴, 호소하는 변론.

아주면 최철호에 대한 고소를 취하해 주겠다는 협의가 있었고, 이러한 상황에서 이재명은 정치적인 보복을 당해서 '누명을 썼다'라고 생각하기에 충분했다. 그러니 이를 허위라고 전혀 인식하지 않았으므로 허위사실을 공표한다는 고의가 있었음을 인정할 수 없다."

이재명은 2002년 '검사 사칭' 사건 관련 수사와 재판 과정에서도 '김병량과 KBS 측이 최철호에 대해서만 고소를 취소하기로 하는 협의나 모의가 있었다'라는 점을 뒷받침할 만한 아무런 증거를 제시하지 못했다. 그러다가 김병량 시장이 2015년에 이미 사망해 자신의 변소와 반대되는 증거를 제시하기 어렵다는 점을 찾아내고는 자신의 측근인 김인섭[16]과 친분이 있어 백현동 개발사업에 참여한, 당시 김병량의 수행비서로 일했던 김진성을 증인으로 내세울 계획을 세웠다.

마치 '당시 김병량이 성남시장 재선에 방해가 되는 이재명을 주범으로 몰아 강하게 처벌하기 위해 KBS 측과 최철호에 대해서만 고소를 취소하기로 한 모의나 협의를 한 사실'이 있는 것처럼 증언하게 하기로 마음먹었다. 경기도지사인 자신의 부탁을 김진성이 차마 거절하지 못할 거라 판단했을 터였다.

---

16 전남 고흥 출신. 1985년경 성남시에 정착해 학원과 식당 등을 운영하며 생계를 유지하다가 1997년경 민주당 당원으로 가입해 호남 인맥을 활용해 본격적인 정치 활동을 시작했다. 2002년경 제3회 지방선거 경기도의회 의원 선거에 새천년민주당 소속으로 출마한 이상락 후보의 선거를 도와 당선에 기여함. 1995년경부터 정진상과 함께 '성남시민모임'에서 시민단체 구성원으로 활동하며 이재명의 정치 활동을 돕는다. 정진상과 정치적 동반자 관계를 유지한 로비스트로 이재명의 '비선 실세'.

2018년 12월 하순, 이재명은 정진상[17]을 통해 김인섭에게 자신의 공직선거법 위반 사건 재판에 김진성이 증인으로 서 줄 수 있는지를 알아볼 것을 부탁했다. 이를 전해 들은 김인섭은 김진성에게 이재명의 말을 전달했고, 그 말을 들은 김진성은 '오래돼 당시 사정이 전혀 기억나지 않는다'라고 대답했다. 김인섭은 김진성의 입장을 이재명에게 알려 주었다. 그 말을 들은 이재명은 2018년 12월 22일 김진성에게 직접 전화해 자신의 일방적인 주장을 설명했다.

이재명 내가 '검사 사칭' 사건 관련 허위사실 공표에 의한 공직선거법 위반 혐의로 기소돼 재판 중인데… 혹시 내가 김 비서관(김진성)한테 도움 좀 받을 수 있을까 싶어서… (김병량)이 고발을 했는데, 어쨌든 나를 잡아야 되잖아. 사실은 PD를 잡는 건 중요한 게 아니고. 그래서 시(김병량 측), KBS 측하고 이야기해서 내가 주범인 걸로 해 주면 고소를 취소해 주기로 합의했던 걸로 내가 그때 기억하거든요. 그때는 뭘 증명은 안 됐지만, '이재명이가 한 걸로 하면 봐주자' 이런 방향으로 정리했던 걸로 기억하고… 내가 타깃이었던 거. 이게 매우 정치적인, 또 배경이 있던 사건이었다는 점들을 좀 얘기를 해 주면 도움이 될 거 같아.

김진성 뭐 크게 저기한… 기억도 잘 안 납니다 사실은. 안 나는데

17　4장 '빌런' 내용에서 설명.

　　　　　　　　　　　　　　　　　굿바이, 범죄꾼

아무튼 그 필요한 부분….

이재명 이 사건이 매우 정치적인 거래가 있는 그런 사건이었던 걸로 기억된다 정도? 한번 생각을 해보면 어쨌든 KBS하고 우리 시장님(김병량)하고는 실제로 얘기가 좀 됐던 건 맞아요. KBS 측하고 시청 측이 일종의 협의를 한 거… 그 부분을 좀 기억을 해 주면… 좀 도움이 될 것 같애. 어쨌든 정치적으로는 나를 처벌해야 좀 곤경을 벗어날 수 있는 상황이었고 선거였으니까. 그리고 KBS 측은 자기들을 책임을 좀 줄여야 되고… 전부 다 이해관계가 일치되는 얘기를 해 주면 크게 도움이 될 거 같아요. 〈이재명 구속영장 내용 일부 발췌〉

이재명은 마치 자신의 일방적인 주장이 사실인 것처럼 김진성에게 주입하듯 말하며 허위 증언해 줄 것을 요구했다.

김진성 또 어떤 취지로 그… 저길… 해야 되는지를 한번… 그…

이재명 네네… 내가 그… 변론요지서를 하나 보내드릴게요. 일단 한번 보내드릴게요. 혹시 텔레그램 써요? 아, 그래요. 텔레그램으로 내가 보내드릴게요. 제가 얘기해 놓은 내용들 있으니까 그거 한번 보십시오, 한번 보시고요.

텔레그램으로 보내주는 변론요지서를 읽어보고 그곳에 기재된 이재명의 입장에 맞춰 증언해 달라는 취지의 부탁이었다.

김진성　어떤 식으로 방향을 잡았으면 좋겠다… 해 주시고, 제가 거기 맞춰서… 뭐해야죠.

　그날 김진성은 이재명의 일방적 주장이 기재된 변론요지서를 텔레그램으로 받았다. 이후 이재명은 여러 차례 김진성에게 전화를 걸어 존재하지도 않은 허위 증언을 집요하게 요구했다. 김진성은 도지사인 이재명의 반복적인 요구를 차마 거부하기 어려워 "~수시로 말씀하시면 잘 인지해서(하겠다)"라며 이재명이 원하는 내용대로 증언하겠다는 취지로 말하자, 이재명은 "그래요. 어, 감사합니다. 네, 큰 힘이 되네요"라며 감사 인사를 했다.

　김진성은 이재명에게 증언을 요구받은 무렵부터 자신의 기억이 아닌, 이재명과 수차례 통화하면서 들었던 내용과 이재명에게서 텔레그램으로 받은 변론요지서를 토대로 진술서를 작성해 2018년 12월 31일 경기도지사 비서실장 전형수[18]에게 텔레그램으로 파일을 전송했다.

　이재명의 의중대로 기재한 진술서 초안을 보내니 '이재명에게 보고드려 달라'는 내용의 문자 메시지와 함께.

18　1978년 9월경부터 성남시 공무원으로 임용(9급)돼 2012년 5월에 성남시 교육문화환경국 체육진흥과장, 2013년 5월부터 2014년 6월까지는 성남시장이던 이재명의 비서실장(5급). 2014년 11월에는 성남시 행정기획국장(4급)으로 근무하며 성남시장이던 이재명의 지시를 받아 성남시 주요 현안 대응을 총괄하고 각종 정책과 주요 계획을 검토·수립해 추진하는 업무를 담당해 왔다. 2018년 7월 1일 이재명이 경기도지사에 취임한 직후부터는 경기도지사 비서실장(4급)으로 재직하다가 2019년 7월부터 2022년 12월 23일까지 경기주택도시공사 경영기획본부장으로 재직했다. 2023년 3월 9일 유서를 남기고 자택에서 사망한 채로 발견되었다.

이재명은 김진성의 진술서 파일을 본 뒤 전형수를 통해 '좀 더 구체적으로 도움이 되게 써달라'는 요구사항을 전달했다. 김진성은 이재명과 통화하며 녹음했던 내용을 들으면서 그가 강조했던 내용을 수정한 뒤 2019년 1월 7일 전형수에게 수정 파일을 전송했다.

김진성은 이후 고 김병량 시장에 대한 죄책감과 지인들의 비난 등을 우려해 애초 증인신문기일이었던 2019년 1월 24일에 불출석했다. 그렇지만 김인섭으로부터 백현동 개발사업 관련 인허가 알선 이익을 배분받지 못한 상황에서 이재명에게 유리한 증언을 해야겠다는 생각에 이재명의 교사에 따라 허위 진술을 했다.

이재명은 변호사를 통해 김진성에게 증인신문 사항 초안을 보내주며 어떻게 위증할 것인지 그 내용을 숙지하도록 했다. 그 과정에서 김진성과 이재명의 휴대 전화 통화 내용이 녹음됐고, 그 파일이 검찰에 압수됐다.

따라서 이재명의 위증교사는 김진성에게 이재명이 직접 위증을 교사했던 통화 내용이 확보돼 최철호 PD의 증언만 더하면 단기간에 유죄 판결을 확정할 아주 단순한 사건이다. 더구나 위증·위증교사는 단독판사가 1심 재판을 하는 단독사건이다. 법원은 이재명이 더불어민주당 대표로 사회적 이목을 끄는 사건이라는 이유(추정)로 재정합의로 판사 3명이 재판하는 합의 사건으로 만들었다.

위증교사 사건은 대장동·백현동·위례신도시 개발 비리, 성남 FC 후원금 의혹 사건 등과 저지른 시기나 내용, 관계자 등 모든 면에서 아무런 관련이 없다. 매우 단순한 사건으로 통상의 절차를 거쳐 재판부를 배당했어야 했다.

법원은 내용이 복잡하여 1심 재판만 3~5년 이상이 예상되는 사건과 병합하라는 취지로 사건을 배당해 버렸다. 다행히 여론 압박이 주효했는지 담당재판부가 위증교사 사건 심리만은 병합하지 않고 따로 재판하기로 하였으나, 선고는 병합 가능성을 열어놓았다. 반드시 판결선고 역시 병합하지 못하게 해야 한다. 병합하지 않는다면 위증교사 사건은 대법원 판결 확정까지 1~2년이면 충분하다. 그렇지 않고 병합했을 때는 5년이 걸릴 지 10년이 걸릴 지 알 수 없다. 천만다행으로 재판부는 2024년 1월 8일에 첫 공판을 열기로 했다.

이재명의 위증교사 사건은 형刑의 가중요소가 매우 중대해 실형이나 최소한 징역형의 집행유예가 확실해 판결 확정시 국회의 원직을 상실할 뿐만 아니라, 적어도 몇 년간은 대선은 물론 어떤 공직선거에도 출마할 수 없다.

만일 병합된다면 이런 악질의 범죄꾼이 멀쩡하게 다음 대선에 출마해 우리를 통치할 대통령이 될 가능성도 있다. 상상만 해도 소름 돋는 일 아닌가.

정신병원 사용 설명서

더 끔찍한 일은 이재명이 성남시장 때 정신병원에 강제 입원시킨 시민이 무려 66명[19]이나 된다는 사실이다. 이는 비슷한 시기 비슷한 규모의 고양시에선 단 한 명도 없었던 일이다. 물론 성남시의 문제점을 공개 질의했다는 이유로 이재명은 2012년 5월쯤 친형 이재선을 정신병원에 강제 입원시키려 했다. 이재선과 그의 부인 박인복은 이재명이 권력을 남용하여

---

19 국민의힘 "이재명 성남시장 때 정신병원 강제 입원 66명 이상"
  국민의힘 이재명 비리 국민검증특별위원회는 더불어민주당 이재명 대선 후보의 '친형 정신병원 강제 입원 의혹'과 관련해 강력 공세를 펼쳤다. 이 후보가 성남시장 재임 시절 총 25명의 시민이 정신병원에 행정입원(강제 입원)한 것으로 알려졌으나 이 숫자가 66명 이상인 것으로 보인다고 국민의힘은 밝혔다. 김진태 위원장은 25일 서울 여의도 국회에서 열린 검증특위 전체회의에서 전날 경기 성남시 정신건강복지센터를 찾았다며 "이재명 후보의 친형 '이재선 사건'에서 친형을 강제 입원시키기 직전에 실패했던 사건, 그 사건으로 세상에 알려졌던 곳"이라고 소개했다.
  김 위원장은 "이 사건은 결국 성공하지 못했는데 그 이유는 아주 훌륭했던 분들이 있었기 때문"이라며 "분당보건소장은 강제 입원시키라는 지시에 따르지 않다가 경질됐다. 새로 들어온 두 번째 보건소장은 절차를 진행하다가 마지막 순간에 포기했기 때문에 이 후보가 그 뜻을 이루지 못했다"고 설명했다. 김 위원장은 또 시민운동가 김사랑 씨의 강제 입원을 예로 들며 "(강제 입원된 시점은) 마침 2018년 김씨가 대장동 문제를 제기했을 때"라고 강조했다.
  그는 2010~2018년 이 후보가 성남시장으로 재직할 때 행정입원, 즉 사실상 강제 입원 당한 환자는 당초 25명으로 알려졌으나 실은 그 66명 이상으로 보인다고 밝혔다. 김 위원장은 "어제 우리가 입수한 자료에 의하면, (강제 입원은) 66명이라는 자료가 있다. 자료가 들쭉날쭉 하다"며 "그리고 이것은 소위 행정입원, 정신건강복지법 44조에 의한 행정입원만 말하는 것이다. 동법 50조 응급입원은 또 별도다"고 덧붙였다.
  앞서 언급한 김씨도 응급입원으로 병원에 입소했다. 이 같은 경우를 합치면 정신병원에 강제 입원된 인원을 다 파악할 수 없다고 김 위원장은 설명했다.
  김 위원장은 이어 "대한의사협회 등 제3의 객관적인 기관에서 이러한 성남시에서 있었던 행정입원이나 응급입원을 전수조사해달라"고 요청했다. 《뉴시스》, 2021.11.25.

이재선을 정신병원에 강제 입원시키려 하는 것에 대한 방어로 통화 대부분을 녹음하고 기타 자료를 모아서 성남시 시의원들과 지역에서 활동하는 언론인들에게 이메일 또는 USB 메모리에 담아 보내면서[20]도움을 청했다. 그 과정에서 이재명은 차마 입에 담기조차 참담한 일을 자행했고 지금껏 이어 오고 있다.

22대 총선을 목전에 둔 2024년의 대한민국.

거대 야당 당대표인 이재명은 타인의 삶에는 손톱만큼도 관심이 없다. 오로지 정권과 권력 잡기에만 혈안이 돼 있다. 당연히 국민의 삶에도 관심 없다. 내놓는 공약마다 밑줄 긋고 물음표를 붙여야 할 포퓰리즘 공약뿐이다. 국가 세금을 제 돈 쓰듯 물처럼 쓴다. 그러다 보니 자기편이 아닌 국민 간의 불신은 극에 달했으며, 편 가르기가 도를 넘었다. 그 끔찍한 짓으로 국론은 분열되어 가고 민심은 흉흉해졌으며, 국민 개개인의 자존감이 훼손되는 결과를 초래했다.

위에서 언급한 한 사람의 억울함을 만들어 낸, 자신의 친형 이재선을 죽음으로 내몰았던 이재명, 그가 이제는 전 국민을 상대로 같은 일을 버젓이 벌이고 있다. 이재선을 죽음으로 내몰았던 때처럼 공범자들과 함께.

곰곰이 생각해보면 대개 진실은 복잡하지 않다. 간단한 사실 규

---

20 그때 유출된 녹음 파일이 현재 돌아다니는 것들이다.

명으로 깔끔하게 매듭지을 것을 정파적 이해와 권력이 만든 음모의 시각에 매달리며 눈을 부릅뜨는 경향이 있다. 바라보는 사람들의 시각이 가지각색이란 것을 이용해 어떡하든 진실을 감추려는 과정이 복잡할 뿐이다. 그러한 사회에선 정직함과 진실은 빛을 잃을 수밖에 없다. 거짓말쟁이가 영웅이 되기 때문이다. 우리는 자신을 돌아다봐야 한다. 정직함과 진실이 아닌 거짓에 휘둘리지 않을 만큼 강인한 DNA를 가졌는지 점검해야 한다.

지금 우리에게 필요한 것은 그 어느 때보다 화해와 용서라는 통합이 절실하다. 그러기 위해선 진실 위에 정의를 바로 세우는 일이 급선무다.

이 책은 진실을 감추기 위해 복잡하게 만들어 놓은 것을 간단하게 만들 진실을 찾아 그 위에 정의를 세우기 위한 기록이다. 그 과정에서 어떤 한 개인의 억울함과 삶이 왜곡되고 매장된 이야기를 하려는 것이 아니라 그 개인의 삶이 결코 한 개인의 삶으로 끝나지 않고 사회에 끼친 영향과 그 영향으로 사회가 어떻게 뒤엉켰는지를 알려 주며, 뒤엉킨 것을 풀어내고자 함이다.

* 로스팅roasting되다
생두를 볶아 원두가 된다는 뜻을 빗대어
'법 파괴자'가 돼 간다는 의미로 사용함.

파괴자,
로스팅되다

"꼴 좋습니다."
"아주버님, 우리한테 하신만큼
그대로 갚아드리겠습니다."

_김혜경

시작된 쇼,
성남시의 모라토리엄

2010년 7월 12일, 이재명은 성남 시장에 취임한 지 10여 일 만에 뜬금없이 '성남시 모라토리엄 moratorium'[21]을 선언했다. 한마디로 '돈 갚을 능력이 없으니 만기에 도래한 채무를 갚기 어렵다'라는 게 모라토리엄이다. 당시 성남시의 재정은 그다지 열악하지 않았다. 더구나 채권자들도 채무 지급 독촉을 한 적이 없다. 하지만 이재명은 국토부가 '판교특별회계'에서 빌려 쓴 5200억 원의 정산을 요구해 와서 어쩔 수 없었다고 했다.

그러자 당시 국토부가 성남시에 보낸 공문을 입수한 이재호 성남시의회 의원이 발끈하고 나섰다.

"국토부 문건 어디에도 돈을 갚으라는 내용은 없다. 다만, 용역 수익을 나누는 방안에 대해 설명하고 있는데 이를 엉뚱하게 국토부에서 정산을 요구했다고 국민을 속여서 모라토리엄을 선언한 것이다."

여기서 짚고 넘어가야 할 부분이 있다. 모라토리엄 선언이 왜 문제인가를 알아야 한다. 모라토리엄은 이재명에게 있어 넓은 의미로 '이재명식 쇼잉Showing(보여 주기)'이다.

21 　지급유예. 전쟁, 지진, 경제 공황, 화폐 개혁 따위와 같이 한 나라 전체나 특정 지역에 긴급 사태가 발생한 경우에 국가 권력의 발동으로 일정 기간 금전 채무의 이행을 연장하는 일.

그가 당선된 즈음, 취임 전 지방자치단체의 호화 청사가 문젯거리가 된 적이 있었다. 성남시도 예외는 아니었다. 새로 지은 시청사가 함께 구설에 올랐다. 그러자 당선자였던 이재명은 '성남시 신청사를 민간에 매각하겠다'라는 발언을 했다. 애초부터 이 발언은 불가능한 것이었다. 성남시 청사 부지는 협의 매수를 했던, 즉 수용한 땅이었다. 수용한 땅은 10년 이내에 용도가 바뀌거나 폐지되면 환매권이 생긴다. 법률상 매각이 불가능한 것은 아니지만 사실상 불가능하다는 게 법률 전문가들의 대체적인 견해다. 그러니 변호사 출신인 이재명이 신축된 성남시 청사 매각이 환매권으로 사실상 불가능하다는 걸 몰랐을 리가 없다.

이처럼 이재명은 시장 당선자 때부터 인기를 얻을 수만 있다면 무슨 일이든 내지르거나 저질렀다. 소위 말하는 '사이다 발언'이라는 것도 일종의 보여 주기에 지나지 않는다. 시청사를 매각하겠다고 한 이후 진척된 게 없다는 것이 그 방증이다. 말뿐이었고 완전히 쇼에 불과했다. 이재명의 성남시 모라토리엄 선언 또한 시민과 언론의 관심을 끌면 그만이란 판단이었을 것이다.

그런데도 많은 언론과 시민이 그의 판단에 지지를 보냈다는 것은 아이러니하다. 깊게 생각하고 반성해야 할 부분이다. 다음은 이재호 의원이 입수한 성남시가 국토부로부터 받은 공문 전문이다.

〈성남판교지구 사업비 정산 및 개발이익 추정 용역 관련 협조 요청〉

1. 성남판교지구 공동시행 기본협약서(2003.9.8.) 및 성남판교지구

사업비 정산 및 개발이익 추정 용역(이하 '용역') 추진과 관련입니다.

2. 적정수익률 등 사업시행자 간 이견이 있었던 사항에 대하여 용역의 결과(적정수익률 8.31%)대로 마무리하여 주시고, 용역의 최종 결과를 우리 부에 통보하여 주시기 바랍니다.

3. 아울러, 성남판교지구 PF사업(알파돔 시티)은 사업 추진에 불확실성이 존재하므로, PF사업 용지가 감정가격으로 매각된 것으로 가정하였을 때의 개발이익도 함께 추정하여 주시기 바랍니다.

끝.

이재명은 당시의 공문 내용이 있음에도 불구하고 2014년 1월 기자회견을 열어 "'모라토리엄의 시작과 졸업'에 관한 진실을 정리하고 그것에 맞게 평가되어야 한다"라고 말했다. 2013년 1월 발간된 감사원《지방행정 감사백서》내용을 근거로 여전히 모라토리엄 선언은 정당했다고 주장하고 있다. 그러면서 "감사원《지방행정 감사백서》에서 민선 5기 취임 당시 성남시의 재정 상황과 그 원인을 정확히 지적하고 있다"라며 성남시 모라토리엄 선언의 당위성을 재차 주장했다.

비판 글은 금지합니다

시정과 예산에 관심이 많았던, 이

재명의 친형 회계사 이재선으로선 그 부당성을 지적하지 않을 수 없었을 터였다. 누구보다 수치에 밝은 사람으로 당시 성남시의 재정이 열악하지 않다는 것을 잘 알고 있지 않았겠는가. 이재선 회계사는 모라토리엄의 부당성을 지적하며 언론과 인터뷰를 하는가 하면 2010년 8월 13일에 성남시 홈페이지 〈성남시에 바란다〉 코너에 "왜 성남시장이 되었는지요?"라는 제목으로 다음과 같은 비판의 글을 올렸다. 성남시를 위해 올바른 행정을 하지 않을 거라면 시장을 그만두라는 내용의 글들이었다.

- 시장 취임 이후 행보가 정치인의 행보로밖에 보이지 않는다.
- 성남시장으로 출발한 지 1달 반이 지났는데 시장이 도대체 무엇을 하고 있는지 모르는 사람이 많다.
- 무엇을 하려고 성남시장이 되셨습니까?
- 시장은 행정가이기 때문에 국회의원과 다르다. 행정가는 말로 하는 것이 아니라 행동으로 보여 주어야 한다.
- 100만 명이 넘는 시민의 장이라면 개혁을 해야 하는데 적당히 임기를 마치려 한다면 무엇을 하려고 시장이 되었는지 묻지 않을 수 없다.
- 시장이 되기 전에 그토록 비판하던 일을 그대로 한다면 성남 시민이 누가 좋아하겠는가.

이재선은 비서실 문제를 꼬집는 별도의 글도 올렸다. 정책 실장의 나태한 근무 행태를 지적하며 '제대로 연락이 닿지 않는 건방진 공무원'이라고 했다.

이재선의 이러한 비판적 인터뷰가 언론에 보도되면서 뜻밖의 일이 벌어졌다. 그의 회계사 사무실로 여러 통의 협박 전화가 걸려 왔다. 역대 시장들을 비판해 온 그였다. 한 번도 협박을 받은 적이 없었다. 그런데 이재명을 비판했을 때는 달랐다. 여직원만 있는 사무실로 전화를 걸어 30분이나 욕설 등의 협박을 해댄 사람도 있었다.

심지어 이재명의 아내 김혜경도 이재선에게 전화를 걸어 표독스럽게 쏘아붙이곤 했다.

"꼴 좋습니다."

"아주버님, 우리한테 하신만큼 그대로 갚아드리겠습니다."

당시 이재선은 김혜경과의 통화 직후 그의 아내 박인복에게 몹시 불쾌함을 호소했다고 한다. 이재명에게 김혜경을 소개한 사람이 그의 아내였기 때문이다. 그 말을 들은 박인복은 이재선을 설득하기 시작했다.

"여보, 당신이 비판하면 시동생(이재명)이 힘든 부분이 있을 거 아니에요? 잘하겠지, 믿고 지켜봅시다."

이후 이재선은 아내의 만류도 있었고, 자신이 썼던 비판의 글이 〈연합뉴스〉를 비롯해 20여 개 매체에서 보도되는 바람에 파급력이 급상승한 것을 절감했다. 이재명이 곤욕을 치른 면이 있었다. 이재선으로선 일부에서 너무 빠른 감도 있다는 말을 한 측면도 있어서 〈성남시에 바란다〉에 올렸던 글을 모두 내리고 1년 반가량 성남시 홈페이지에 글을 올리지 않았다. 형제간 갈등의 도화선이 된 바로 그 일이 터지기 전까지는.

틈만 나면 꼼수를

이재선 회계사는 1994년 출범한 성남시민모임에 이재명과 함께 발기인으로 참여했다. 오성수 시장 재임 기간에는 다른 전문가들과 함께 성남시 재정과 예산에 대해 분석토론회를 개최해 독선적 시정 운영을 견제·비판하면서 전문가 역량을 충분히 발휘했다.

김병량 시장이 당선된 후에는 시정인수위원회 인수위원으로 참여해 전임 시장의 독선적 시정을 지적하고 합리적 시정 운영 방향을 제시하는 등 성남시정, 특히 성남시 예산에 대해 전문가적 관심과 식견이 반영되도록 노력했다. 그 목적으로 언론에 비판적 기고를 게재하기도 했다. 이대엽 시장이 시정 비판과 대안을 수용할 그릇이 아니라고 판단한 다음부터는 본연의 공인회계사와 세무사 업무에만 매진했다.

기수	이름	재임기간
1기	오성수吳誠洙	1995. 7. 1 ~ 1998. 6. 30
2기	김병량金炳亮	1998. 7. 1 ~ 2002. 6. 30
3기	이대엽李大燁	2002. 7. 1 ~ 2006. 6. 30
4기	이대엽李大燁	2006. 7. 1 ~ 2010. 6. 30
5기	이재명李在明	2010. 7. 1 ~ 2014. 6. 30
6기	이재명李在明	2014. 7. 1 ~ 2018. 3. 14
7기	은수미殷秀美	2018. 7. 1 ~ 2022. 6. 30
8기	신상진申相珍	2022.7.1.~ 재임 중

그러다가 2006년[22]에 이재명이 열린우리당 소속으로 성남시장에 출마하면서 이재선 회계사에게 "도와 달라"고 하여 도움을 주었고, 2010년에도 분당 영남향우회 회원들을 중심으로 선거를 도왔다. 이전 시장들에게 뾰족하게 시정 비판을 해 왔던 이재명이기에 누구보다 시정을 공정하게 잘할 것을 기대하고 바란 이재선 회계사였다.

기대와 달리 이재명은 다른 길을 갔다. 2010년 7월 13일 모라토리엄 선언 이후, 이재선 회계사는 이재명의 성남시에 비판의 글을 쓰기 시작했다. 1년 반만의 일이다. 2012년 2월 21일, 지역신문인

---

22 이재명이 처음으로 성남시장에 출마. 이재명은 이 선거에서 낙선했다. 이대엽 시장이 당선됨.

《성남미디어》에서 보도한 기사 하나 때문이었다. 성남시의 '가짜 집회 사주 사건'[23]이었다.

새마을회 손국배 회장이 퇴임하면서 성남시로부터 시청 앞에서 '시의회 예산 정국과 판교 주민들의 시위'가 예정돼 있으니 판교 시민들이 그 장소에서 시위할 수 없게 '새마을회에서 먼저 집회 신고를 해놓을 것'을 성남시로부터 요청받았지만 이를 단호히 거절했다는 요지였다. 말하자면 가짜 집회 신고를 요청받은 것이다. 이재선 회계사는 손국배 회장의 발언 중 다음 내용에 주목했다.

"나는 정치에 무관하고, 단체장의 선의 협력자는 될 수 있지만, 그의 졸개는 아니다. 단체장은 주민의 손으로 뽑는다. 뽑힌 단체장은 독재자처럼 행동한다. 그 독재자는 민주주의를 하나의 껍데기로 생각한다. 아직도 구태를 벗어나지 못했다는 것이다. 민주주의가 순수한 봉사단체에까지 미치기엔 오랜 시간이 걸릴 것 같다."[24]

성남시장 이재명이 '임기가 남은 인사를 쫓아낸 것'과 '가짜 집회'를 사주한 것이 골자였다. 새마을회 손국배 회장은 성남시가 시청 앞에서 꾸준히 집회를 벌이던 대장동 주민들을 막고자 새마을회를 끌어들여 집회 마찰을 빚는 단체가 아닌, 관변단체가 가짜 집회 신고를 해 주기를 원했다고 했다. 그렇지만 그는 성남시 요

23 곽효선 기자, 〈손국배의 화려한 봉사〉, 《성남미디어》, 2021.02.21.
24 각주 23과 동일.

청을 받아들여 단체의 예산을 확보하는 것보단 추운 날씨에도 미금역(실제로는 오리역) 농협하나로마트 광장에서 불우이웃돕기를 위해 김장하는 봉사를 하는 것이 '진정한 봉사'라고 덧붙였다. 이재선 회계사는 손국배 회장의 말에 충격을 받았다.

더욱 놀랐던 것은 그것을 거절한 새마을회 회장이 성남시에 의해 자리를 내놓게 된 사실이다. 이재명이 평소에 인권 변호사라고 하며 '시민이 행복한 도시, 시민이 주인이 되는 도시'를 표방하더니만 어떻게 그럴 수 있는지 개탄했다. 이재선 회계사는 다시 시청 민원 게시판에 글을 써 올리기 시작했다. 손을 놓고만 있을 수 없었다. 이미 마음에 병이 들어버린 이재명에게서 처음의 동기가 사라져 버린 것을 감지했다. '이런 시장은 성남시에서 일할 자격이 없다'라는 생각으로 "이재명 성남시장은 시장 자격이 있는지요?"라는 제목으로 시리즈 글을 다시 올렸다. 성남시 모라토리엄 사건 이후 1년 반 뒤의 일이다. 갈등이 다시금 깊어지기 시작했다.

"형님이 내 앞길을 망칩니까?"

2012년 3월 27일 오후 4시 10분쯤, 급기야 이재선은 직접 성남시청 비서실을 방문하기에 이른다. 지난 1달여 동안 성남시청에 40여 건의 시정을 비판하는 글을 올렸는데 7일 이내에 답을 하게 돼 있음에도 답이 없고, 오히려 성남시

시설관리공단 유동규 본부장으로부터 고소당해 자신의 민원이 이재명에게 보고되고 있는지를 확인하기 위한 차원이었다.

그가 비서실로 들어서려는 찰나, 한 사내가 그를 저지하고 나섰다. 이름을 묻자 그는 "이름이 없습니다"라는 황당한 대꾸를 하며 이재선 회계사에게 밖에서 기다리라고 했다. 어느 공무원이 이름을 묻는 시민에게 그런 대꾸를 한단 말인가. 이름이 없다니? 나중에 언론에 실린 사진을 확인하니 그 이유를 알 수 있을 것 같았다. 그가 그 이름도 유명한 백종선으로 확인됐다.

어이가 없던 이재선은 10분쯤 있다가 이재명과의 면담을 신청하기 위해 관련 부서로 발길을 돌렸다. 이 역시 사전에 면담 신청이 없으면 안 된다고 하여 시장 비서실에 전화를 걸었다. 백미홍이라는 여비서가 받았는데 이재명의 형이라는 것을 확인하고는 이내 전화를 끊어 버렸다. 이재선은 몇 번이나 이재명과의 통화를 시도했지만 실패했다. 면담 신청조차도 바쁘다는 핑계로 거절되었다.

다음 날 아침, 이재선은 시장 비서실 백미홍에게 전화를 했다. 그녀는 또 전화를 끊어 버렸다. 3번이나 전화를 했는데 백미홍은 전화기를 잠시 들었다 놓을 뿐 이재선의 전화를 받지 않았다. 한 번은 남자 비서가 전화를 받더니 바로 끊어 버렸다. 이재명이 비서들에게 '형에게서 오는 전화는 받지 말라'는 지시를 내리지 않고서야 비서들이 어찌 그런 짓을 했겠는가.

그 순간 이재선은 15년 전의 기억 하나를 소환했다. 이재선이 회계사 사무실을 개업한 지 얼마 지나지 않았을 때였다. 당시 그는 성남시 전 시장이었던 오성수가 관련된 《우리신문사》의 기장 대리를 맡고 있었다. 어느 날 그 신문사 편집장이 자신의 매체에다 '이재명이 앞으로 칼럼을 쓴다'라는 것을 이재선에게 귀뜸했다. 편집장은 이재선의 선배이기도 했다. 그 말에 이재선은 "이재명이 오성수 전 시장과 관계도 좋지 않고, 경험도 없는데 그럴 필요가 있겠느냐"며 조언한 적이 있다. 그 사실을 알게 된 이재명이 이재선에게 전화해서 따지듯이 말을 했다.

"형님이 내 앞길을 망칩니까?"

일반적으로는 그 상황에서 전화해서 따지듯 물을 것이 아니라, 먼저 부탁을 하거나 아니면 다른 방법으로 형의 의도를 묻지 않았을까 싶다. 15년 전이나 시장이 된 당시나 바른말에 대해 이재명은 들을 준비가 돼 있는 사람이 아니었던 것 같다. 물론 이후 10여 년이 훌쩍 지난 지금도 마찬가지다.

언제나 그렇듯 사정은 겉으로 보이는 것보다 훨씬 더 복잡했다. 이재선과 이재명의 관계는 점점 등나무 꼬이듯 배배 꼬여 가기만 했다.

이후 이재선은 앞서 40여 개 민원 글에다 38개의 민원 글을 더 성남시에 올렸다. 여기에는 시설관리공단 본부장 유동규의 전문성과 인사 문제, 이재명의 참모 검증, 공무원 선거 개입, 롯데백화점 분당점 통로에서 불법 상행위를 내버려 두는 문제, 5000억 원 개발이익 및 재정 이익 효과를 얻었다며 홍보한 근거, 백아연[25]과 관련해 누가 각 동 주민자치위원회에 플래카드를 걸게 하고 문자를 보내 백아연을 지지하라고 했는지, 성남시 시설관리공단 노조 간부 해고 문제, 백종선 수행비서 문제, 경기동부연합 문제, 좌파 신문에 대한 광고비 지원 3대 문제점 등이 포함돼 있었다.

이재선은 특히 대장동 개발에 대해 이재명이 2005년과 2012년의 견해가 달라진 이유를 물었다.

다음은 이재명이 2005년에 자신의 블로그에 올린 글과 '성남도시개발공사' 설립을 주관했던 유동규 성남시설관리공단 기획본부장의 〈MK 뉴스〉와의 2012년 4월 26일 자 인터뷰 기사다. 이재명은 자신이 내뱉은 말을 언제든 눈 하나 꿈쩍하지 않고 뒤집기의 명수였다. 그때나 지금이나.

2005년 대장동 개발에 대한 이재명의 생각

다음은 이재명이 블로그에 올린 글이다.

---

25   이재명의 수행비서 백종선의 딸. 2012년 SBS 방송국 'K팝스타' 시즌1 오디션 프로그램이 진행되는 동안 성남시의 대대적인 홍보가 뒷받침됐다. 이재명과 성남시의 노골적인 개입으로 백아연은 프로그램에서 최종 3위로 입상해 가수로 데뷔했다.

분당의 '지속가능한 발전'과 '삶의 질'

– 개발과 파괴로부터 보전과 관리로–

http://blog.naver.com/snhope/20204522

나는 정자동의 타워팰리스, 파크뷰와 같은 거대한 성곽을 지날 때마다 가슴이 아프다. '백궁·정자지구 용도 변경(파크뷰 특혜분양) 저지 공동대책위원회'를 하면서 분당의 도시환경을 지키려고 했던 희망은, 우여곡절 끝에 건축면적을 절반가량 줄이는 정도에서 멈춰야 했고, 오늘에 이르러 다시 '분당주상복합연합회 소음대책위' 분들과 함께 주거소음을 고민해야 한다는 게 안타깝다. 이미 당시에도 아파트 부지로 용도를 바꾸는 것에 반대한 이유 중의 하나가 '주거에 부적합할 정도의 소음'이었기 때문이다.

지금도 대장동은 고급주택지로 개발한다며 파괴되고 있고, 율동은 스프츠타운 건설, 금곡동은 골프장 건설, 사송동은 자동차집적시설 추진, 이런 식으로 녹지 훼손이 이어지고 있다. 자연형 하천으로 복원한다는 탄천변에는 각종의 인공시설물이 닥지닥지 들어서고, 구미동은 마을 도로에 용인의 고속화도로를 연결시켜 주민들이 괴롭힘을 당하고 있다. 거의 10리에 이르는 백궁·정자 지구에는 단 한 평의 녹지공원이 없는데도, 하나뿐인 시유지는 기업에 매각되어 고층건물이 들어선다. 주변의 숲은 사라지고, 과밀개발로 분당은 회색도시로 변해가고 있다.

도시환경이란 한번 파괴되면 지속적으로 우리의 삶을 괴롭히고, 새로운 문제들을 파생시킨다. 1987년 '환경과 발전에 관한 세계위원회(WCED)'가 지속 가능한 발전의 개념을 '미래 세대가 그들의 필요를 충족시킬 능력을 저해하지 않으면서 현세대의 필요를 충족시키는 것'이라고 정의한 데서도 알 수 있듯이, 우리 세대는 물론 자라나는 어린이가 도시환경파괴와 난개발의 가장 큰 피해자이다. 국민건강보험공단에 의하면, 아이들 4명 중 1명이 아토피, 알레르기 천식 등의 질환을 앓고 있다고 한다.

현재의 분당은 "천당 위의 분당"이라는 자부심은 없어진 지 오래고, 좀 더 삶의 조건이 좋은 판교로 이사하겠다는 분들이 많아지고 있다. 그렇지만 우리는 아름다운 산과 탄천을 배경으로 물고기와 다람쥐, 왜가리들이 우리 가족과 이웃들과 한데 어우러져 멋진 하모니를 이루는 아름다운 분당으로 만들어 가야 한다.

이를 위해서는 '사송동, 대장동, 금토동, 율동, 여수동' 등 많은 곳에서 개발의 이름으로 기획되고 있는 녹지 훼손을 막고, 시가지 내의 과밀개발을 억제해야 한다. 그리고 '고속화도로'를 구미동의 '마을 도로'에 연결하는 것과 같이, 주변 지역의 난개발에 따른 기반시설 부담을 분당으로 전가하는 것도 억제되어야 한다.

이제 환경파괴와 주거환경 훼손을 수반하는 무분별한 개발지상주의에서 환경보전과 삶의 질을 중시하는 것으로 도시정책의 기조가 바꾸어야 한다. 특히 분당은 도시 주변의 개발과 녹지 훼손, 과밀개발, 인근 도시의 난개발이 가져온 부정적 효과로 인한 도시환경 침해가 매우 크게 나타나고 있다.

분당의 도시환경을 지켜내기 위해서는 주민들의 관심과 노력이 절대적으로 필요하다. 개발과 파괴에 대한 욕구는 큰 반면 보전에 대한 목소리는 낮기 때문이다. 보전에 대한 주민들의 관심과 의지가 개발주의자들의 목소리보다 커야 정책 결정자들이 주민들의 요구를 따르게 된다. 분당처럼 잘 계획된 도시에서는 개발로 인한 이익은 크고 소수에게 집중되는 반면, 피해는 전 주민이 광범위하게, 느끼기 어려울 정도로 나누어 부담하게 된다. 이제 주민의 시대가 열리고 있다. 분당의 도시환경, 삶의 조건은 주민들 스스로 지켜나가야 한다.
　　　　　　　　　- 분당도시환경지키기운동본부준비위원장 이재명(변호사)

2012년 대장동 개발에 대한 유동규의 생각

다음은 유동규가 당시 MK 뉴스와 했던 인터뷰 내용이다.

판교 밑 '남판교' 주민들 수억씩… 팔자 고치나

미니신도시 예정지 성남 대장동 '남판교' 가보니…

남판교에 5,000가구 미니신도시
성남 도시개발공사 설립… 재정난 타개 위해 [26]

판교신도시 남쪽으로 1km 떨어진 성남시 분당구 대장동 일대에 100만
m^2 규모 미니신도시가 조성된다.

성남시가 성남도시개발공사를 설립해 민관 합동으로 옛 대장지구 예
정지에 '남판교 도시개발사업'을 추진하고 있는 사실이 확인됐다. 사
업 규모는 3조원대 후반으로 최근 침체된 부동산 시장 분위기를 감안
하면 초대형 도시개발 프로젝트다. 땅값만 1조 원 선에 달한다.

성남 도시개발공사 설립을 주관하고 있는 유동규 성남시설관리공단
기획본부장은 25일 매일경제와 단독 인터뷰하면서 "수년간 표류하
던 사업을 민관 공동 개발 방식으로 추진함으로써 성남시와 민간이
윈/윈할 수 있는 모델을 만들겠다"며 "지역 주민들도 이 같은 개발 방
식을 반기고 있다"고 말했다.

정식 개발안은 도시개발공사가 정식으로 설립된 이후 확정될 계획이
지만, 아파트와 단독주택 등 약 5,000가구가 들어설 것으로 알려졌다.
계획이 순조롭게 진행된다면 이르면 내년 상반기께 일반 수요자에
게 아파트 분양이 가능해 보인다.

---

26 〈MK 뉴스〉, 2012.4.26.

사업은 수익성을 극대화하는 방향으로 진행된다.

유동규 본부장은 "임대주택 등을 직접 짓기보다는 사업성을 충분히 검토해 개발에서 생긴 이익으로 성남시 전체의 공익적인 사업을 진행할 수 있는 방향으로 추진할 것"이라고 밝혔다.

지난 19일 입법예고된 '성남도시개발공사 설립 및 운영에 관한 조례'가 5월 성남시의회에서 상정돼 통과되면 도시공사 설립과 함께 성남시설관리공단이 합병될 예정이다.

무리한 사업 추진으로 성남시의 부채가 늘어날 수 있다는 우려에 대해선 "빚을 내면서도 추진할 수밖에 없는 공익사업들이 있지만, 하남시의 경우 하남시도시개발공사와 민간 기업이 협력해 특수목적회사(SPC)를 설립하고 사업을 효과적으로 추진하면서 오히려 시 재정 상태가 좋아졌다"며 "특히 성남시는 입지가 좋아 과도한 사업만 벌이지 않는다면 주민에게 충분히 이익을 돌려줄 수 있을 것"이라고 말했다.

성남시는 도시개발공사 설립 후 남판교 미니신도시 사업뿐 아니라 위례신도시 분양 등에 참여할 계획이다. 이를 통해 2년 전 모라토리엄을 선언할 정도로 어려움을 겪었던 성남시 재정을 정상화시키겠다는 것이다.

대장지구는 판교신도시에서 불과 1km 정도 떨어져 있고, 분당신도시도 가까워 서울 강남권 고급주택 수요를 끌어들이는 데 최적의 조건을 갖췄다는 평가를 받아온 곳이다.

하지만 잇단 글로벌 위기와 부동산 경기 침체로 개발사업이 8년 이상 질질 끌면서 개발 주체와 청사진이 몇 차례나 바뀌었다.

2005년 성남시와 당시 대한주택공사(현 LH)가 '한국판 비벌리 힐스'를 만들겠다며 고급 주거지로 개발을 추진하다 무산됐다. 개발계획이 사전에 유출되며 투기 바람이 불자 당시 건설교통부가 개발 계획을 중단하고 개발행위허가제한구역으로 묶었다. 땅에 대한 재산권 행사가 어려워지자 2008년 대장동 주민들은 '대장동 도시개발사업추진위원회'를 결성해 민간도시개발사업을 추진했다.

LH 역시 자체적으로 사업을 재추진하겠다며 사업제안서를 성남시에 제출해 공영 개발이냐? 민간 개발이냐를 놓고 오랜 갈등을 빚었다.

2010년 LH가 '도시개발지구 지정 제안' 철회를 선언한 이후 표류하던이 사업이 2년 만에 민관 공동 개발사업으로 추진하는 방안이 확정된 것이다.

이 지역은 우계 이 씨와 전의 이 씨 종중에서 각각 29.57%(900여 명)와 18.77%(700여 명)의 토지를 소유해 거의 절반에 가까운 토지를 보유하고 있고, 원주민이 18.05%(270여 가구)를 보유하고 있다.

이 지역에서 실제 거주하고 있는 가구는 400가구 안팎이며, 땅값은 3.3m²당 수백만 원에 달한다.

주민들의 개발 기대도 높다. 이상락 대장동 도시개발사업 주민추진 위원장은 "그간 대장동 개발사업이 지지부진해 10년간 재산권을 행사하지 못하며 주민의 원성이 높았다"며 "도시개발공사 설립과 함께 민관합동으로 사업을 진행할 수 있게 돼 다행"이라고 말했다.

민간 부문 업무를 담당하는 남욱[27] 판교프로젝트금융투자(PFV) 대표는 "앞으로 조례안이 통과되면 성남도시개발공사, 주민추진위원회와 협의해 빠른 도시개발이 이뤄질 수 있도록 협조할 것"이라고 밝혔다.

위 2005년도의 이재명 글과 아래의 2012년 유동규 인터뷰 기사는 상반되는 내용이다. 2005년에는 도시환경 파괴라며 대장동 개발을 극구 반대하던 이재명이 2012년, 유동규를 내세워 대장동 개발에 나섰다. 그렇지만 이재명은 2005년과 2012년의 생각이 달라진 이유를 설명하지 않았다. 더구나 2012년에 대장동 개발을 시작하면서 성남시가 5000억 원의 개발이익[28]을 냈다며 플래카드를 걸고 대대적인 홍보를 했는데 당시 성남시는 5000억 원의 개발이익의 근거를 내놓지 못했다.

한편, 2021년 이재명이 대선 후보가 되면서 터진 대장동 스캔들은 점입가경이었다. 2021년 8월 31일 《경기경제신문》 박종명

---

27 4장에서 다룸.
28 이 부분에 대해 나는 2018년, 공직선거법 위반으로 이재명을 고발했다.

기자가 〈이재명 후보님, ㈜화천대유자산관리는 누구 것입니까?〉라는 제목의 칼럼을 게재했다. 대장동 의혹이 마침내 터져버렸다. 박종명 기자는 자신의 소셜미디어에 "대장동 몸통이 이재명 대표란 의혹은 민주당 20대 대통령 후보 경선 과정에서 경선 후보의 핵심 관계자가 제보를 해줬기에 사실 확인을 거쳐 국민의 알 권리와 언론의 본분을 다하기 위해 기자수첩 형식으로 기사를 보도하게 됐다"라고 밝혔다.

2023년 12월 현재, 이재명과 대장동 사건에 연루된 측근들은 구속되거나 사망하거나 재판받고 있다. 한동훈 법무부 장관은 2023년 2월 27일 대장동 개발사업 관련, '특경법상 배임'과 '이해충돌방지법 위반 혐의'에 대해 국회에서 이재명에 대한 체포 동의 요청 이유를 다음과 같이 발표했다.

"(이재명은) 정진상, 유동규, 김만배 등과 공모하여, 2014년부터 김만배 등 유착된 민간사업자들에게(이하 김만배 일당이라 약칭하겠습니다) 사업시행 계획 등을 유출하고, 서로 짜고 공모지침서를 만드는 등의 방법으로 김만배 일당을 사업시행자로 선정한 후, 그들의 청탁에 따라 용적률 상향 등 이익 극대화 조치를 해 줌으로써 김만배 일당이 7886억 원 불법 이익을 취득하게 하고, 피해자 성남시에 4895억 원 손해를 가하였다는 것입니다."

앞에서 2005년 이재명의 대장동 개발에 대한 생각과 2012년 유동규의 한 매체와의 인터뷰 내용이 상반된 이유가 한동훈 법무부 장관의 체포 동의 요청 이유에 명징하게 박혀 있다.

말하자면 이재명이 '김만배 일당과 짜고 성남시에 돌아가야 할 돈을 김만배 일당에게 불법 이익을 취득하게 했다'는 내용이다. 이보다 명확한 설명이 또 있을까.

* 빌런villain

악당 혹은 범죄자

빌런villain 집합소,
성남공화국

"내가 이재명 대표의
선거법 위반 사건,
성남 제1공단
공원화 무효 소송 2건을
대법원에서 뒤집었다."

_김만배

이재명과 빌런들, 환상의 조합

　　　　　　　　대장동·위례신도시 사건의 요지는
앞에서 한동훈 법무부 장관의 말로 대신 설명했다. 그중 '김만배
일당'이란 표현을 빌려서 사건의 복잡성 대신 이재명을 둘러싼 일
당들의 면면을 살펴보고자 한다.

크렘린 '정진상'

"그 주둥이를 누가 막노?"

　이재명이 여기저기 싸질러 놓은 말과 글에 전전긍긍하며 넋두
리하는 이재명의 최측근. 이재명이 성남시장 시절, 하도 많은 글
을 여기저기 써대는 바람에 문제를 일으키자, 경기도지사가 됐을
때는 이재명 몰래 페이스북의 아이디와 비번을 바꿨다가 새벽 댓
바람부터 이재명에게 경을 쳤다고 한다. 베일에 싸여 있어 이재명
을 움직이는 인물이 아닐까 짐작하게 하는 인물이지만, 실제로 왕
실장은 아닌 듯하다. 이재명에게 보고되기 전 마지막 단계로 거르
는 인물이긴 해도.

　이재명의 온갖 성질을 다 받아주는 유일한 인물. 정진상에게 이
재명은 유일신이다.

　경성대학교 총학생회 노동분과 위원장으로 활동하며 '김철호'
라는 가명을 썼다. 1990~1991년에 전국대학생협의회(전대협)가 주

최하는 폭력 시위에 참여해 폭력을 행사, 국가보안법 위반 혐의로 수사를 받게 되자 경성대학교 학생회관에 숨어 도피 생활을 하다 1992년 4월에 검거됐다. 1992년 11월 12일에 제2군사령부 보통검찰부에서 국가보안법 위반죄로 기소유예 불기소 처분을 받았다.

경성대학교를 휴학한 후 1995년경 전대협 출신 운동권 인사들이 다수 활동하는 성남지역에서 시민단체인 '성남시민모임' 활동을 했다. 그때 이재명을 알게 돼 친분을 쌓았다. 이후 이재명의 변호사 사무실의 사무장으로 일하면서 〈오마이뉴스〉, 〈성남투데이〉의 시민기자로 활동, 이재명의 활동을 담은 기사를 보도하며 정치 활동을 준비하고 있던 이재명을 홍보했다. 이재명 역시 정진상이 작성한 기사를 자신의 블로그에 게시하는 등 정진상은 이재명과 '정치적 공동체'가 돼 그가 추진하는 일을 실무선에서 사전에 검토하고 추진했다. 2010년 6월 2일에 실시된 제5회 지방선거 성남시장 선거에 이재명이 출마하게 되자 선거캠프에 합류해 공보 업무를 담당해 선거운동을 도왔다. 이재명이 성남시장에 당선되자 2010년 7월 1일에 성남시청 정책비서관(별정 6급)으로 임명돼 성남시장의 공약 관리와 정책개발과 같은 정당 업무를 담당했다.

이후 이재명이 2014년 6월 4일에 실시된 제6회 지방선거에서 성남시장 선거에 재출마하자 2014년 5월 23일에 퇴직해 이재명 선거캠프에 참여했다가 이재명이 성남시장에 재선된 직후인 2014년 6월 17일에 성남시청 정책비서관으로 재임용되었다.

더불어민주당 제19대 대통령 후보 경선에 출마한 이재명을 돕기 위해 2017년 1월 17일에 또다시 성남시청을 퇴직했다가 2017년 4월 3일에 이재명이 경선에서 탈락하자 같은 달 24일 성남시청 정책비서관으로 재임용되었다.

2018년 6월 14일에 실시된 제7회 지방선거 경기도지사 선거에 이재명이 출마하자 2018년 3월 13일에 성남시청을 퇴직해 선거운동을 도왔다. 이재명이 경기도지사에 당선되자 2018년 7월 2일 경기도청 정책실장(별정 5급)으로 임명되었으며, 그 후 이재명이 2021년 10월 10일 개최 예정이던 더불어민주당 제20대 대통령 후보 경선에 출마하자 2021년 7월 8일에 퇴직해 경선을 돕다가 이재명이 더불어민주당 대통령 후보로 확정되자 2021년 11월 2일 이재명의 선거캠프에 참여했다. 이재명이 더불어민주당 당대표로 취임한 직후인 2022년 9월 14일 당대표 비서실 정무조정실장으로 임명되는 등 이재명 측근으로서 정치·사회 활동을 함께한 인물.

뒤통수 대마왕 '김용'

자신이 거물이라도 되는 듯 으스대기 좋아한다. 그런 그를 정진상은 가소롭게 보지만 놔둔다. 자신과 술을 마시던 사람이 그의 말에 화가 나 쌩하고 나가 버리자 술집을 난장판으로 만들어 놓을 만큼 난폭한 성격이지만, 타인에게 짬짜미도 잘한다. 이재명의 최측근.

그는 2010년 6월 2일 실시된 제5회 지방선거 성남시의원 선거에 민주당 후보로 출마해 당선됐다. 2014년 6월 4일에 실시된 제6회 지방선거 성남시의원 선거에 새정치민주연합 후보로 출마해 당선되었으며, 2018년 6월 13일에 실시된 제7회 지방선거 경기도지사 선거에 더불어민주당 후보로 출마한 이재명의 선거캠프에서 조직본부 부본부장으로 조직을 총괄했다.

2018년 6월 14일부터 6월 30일까지 경기도지사직 인수위원회 대변인을 지낸 후 2018년 8월 17일부터 2019년 11월 18일까지 경기도 대변인으로 근무하다 퇴직했다.

2019년 12월 29일 제21대 국회의원 선거에 더불어민주당 소속으로 성남분당 '갑' 지역구 예비후보로 등록했지만, 2020년 3월 1일 당내 경선에서 탈락했다. 2020년 1월부터 2021년 4월까지 경기도 산하 '재단법인 경기도 경제과학진흥원' 이사로, 2020년 11월 17일부터 2021년 7월 8일까지 경기도가 최대 주주로 있는, 경기도 내 제조기업이 생산한 제품의 마케팅과 판매 등의 지원을 목적으로 설립한 '코리아경기도 주식회사'의 상임이사로 재직했다. 여기서 주목할 것은 김용이 경기도 산하 재단에 입성한 과정과 경기도 산하 재단으로 들어가서 이재명의 대선캠프를 꾸린 사실이 최근 압수 수색 과정에서 드러났다. 경기도에서 급여를 받으며 이재명 개인의 선거캠프 일을 했다는 것은 국고손실죄에 해당한다. 얼마나 많은 사람이 경기도에 적을 두고 이재명 선거캠프에 합류했는지 수사가 필요한 부분이다.

2021년 5월부터 2021년 10월 10일까지 더불어민주당 대선 경선캠프에서 총괄부본부장을 맡았고, 2021년 11월부터 2022년 3월 9일까지 더불어민주당 대선 선거대책위원회에서 총괄부본부장으로 일했다.

제20대 대통령선거에서 이재명을 지지한 김동연이 2022년 6월 1일 실시된 제8회 지방선거 경기도지사 선거에 더불어민주당 후보로 출마하자 김동연 경기도지사 선거캠프 부실장, 김동연 경기도지사 인수위원회 자문위원 등을 맡았다.

2022년 6월 1일, 이재명이 인천계양구 '을' 국회의원 보궐선거에서 더불어민주당 후보로 출마하여 당선되고, 2022년 8월 28일에 실시된 더불어민주당 제5차 정기전국대의원대회에서 당대표로 선출된 이후인 2022년 10월부터 더불어민주당 정책연구소인 '민주연구원' 상근 부원장으로 일했다.

그의 이력에서 볼 수 있듯이 김용은 이재명이 옆에 둘 만큼 매력적인 인물은 아니다. 오히려 그런 점을 보고 이재명이 측근으로 둔 이유일 수도 있다.

용병에서 만 배나 신분상승한 '김만배'

"내가 이재명 대표의 선거법 위반 사건,
　성남 제1공단 공원화 무효 소송 2건을

대법원에서 뒤집었다." [29]

　재판 거래는 다만 소문이 아닌 듯. 굴러온 돌이 박힌 돌 빼고 그 자리 꿰찬 이재명의 최측근. 1992년 1월부터 2021년 8월까지 《머니투데이》 등 여러 신문사 기자로 재직하면서 법조계에 인맥을 쌓았다. 2011년 당시 남욱과 같이 대장동 개발사업을 추진하던 조우형이 부산저축은행 대출 알선 등 혐의로 수사를 받게 되자 평소 친분이 있던 YTN 배성준 기자의 부탁으로 조우형을 도우면서 남욱 변호사를 알게 된다.

　2012년 1월부터 남욱의 요청으로 대장동 개발사업과 관련해 성남시와 성남시의회 등을 상대로 로비 활동을 했다. 2013년도에 서초동에서 법조기자 팀장급들을 모아 이재명에게 인사하는 모임 자리를 마련했는데 그 자리에 YTN 배성준 기자도 함께했다. 그때 김만배는 기자들에게 "훌륭하신 정치인(시장)이다. 여러분들이 많이 도와 줘라"고 했고, 이재명은 "우리 김 부장(김만배) 잘 부탁합니다"로 화답했다. 이후 기자들은 이재명을 띄워주는 인터뷰를 했다고 한다. 이재명은 "김만배를 언제 알았느냐"는 질문에 "인터뷰 와서 알았다"고 했는데 이것은 사실과 다르다. 이미 그 전부터 알았다.

　2014년 중반 무렵에 남욱을 통해 그동안의 로비 활동에 대한

29　남욱이 김만배에게 들었던 것을 검찰에 진술한 내용.

대가로 일부 지분을 취득함으로써 동업자의 지위에서 본격적으로 대장동 개발사업에 관여했다.

2014년 12월 이후 남욱이 대장동 개발사업의 초기 자금 조달 과정에서 있었던 부산저축은행 부실대출 관련 비리로 본격적인 수사를 받게 되자 대장동 개발사업의 주도권을 확보한 다음인 2015년 2월부터 대장동 개발사업 사업자 선정을 위한 컨소시엄에 참여했다. 그러고는 자산관리회사가 될 ㈜화천대유자산관리('화천대유')를 설립했다. '화천대유'와 함께 '성남의뜰㈜'에 특정 금전신탁으로 출자한 주주사인 ㈜천화동인 1~7호 7개사 중 천화동인 1~3호 3개사를 실질적으로 운영했다.

그는 이재명에게 모든 걸 건 인물로 대북 송금은 물론 재판 거래, 대장동 50억 클럽, 20대 대선 공작 게이트[30] 등 이재명에 관한 많은 것을 알고 있지만, 지켜야 할 게 많은 사람으로서 쉽게 입을 열진 않을 듯하다.

변호사라기보다는 민간 개발사업자, '남욱'

김만배 일당의 범죄 행위에 깊숙이 관여했던, 유동규와 마찬가지로 재판에 중요한 증언자.

변호사로 2009년 11월부터 대장동 토지 소유자들로 구성된 '대장동 개발사업 추진위원회와 시행대행계약을 체결한 ㈜씨세븐의

---

30 김만배 기획에 의한 가짜 뉴스. 일명 윤석열 커피 사건.

법률자문 명목의 계약을 체결하고 자문단 일원으로 활동하다가 2011년 7월에 위 시행대행계약에 따른 사업권을 인수한 이래 정영학·정재창과 함께 환지 방식의 민간개발 혹은 민관합동 개발사업 추진을 주도했다.

2012년 1월에 위와 같이 김만배를 영입해 로비 활동을 하게 했으며, 2014년 중반 무렵 대장동 개발사업 지분 일부를 김만배에게 무상 양도해 동업자로 참여케 했다.

2014년 12월까지 최대 지분권자로서 대장동 개발사업을 주도하다가 그 무렵에 부산저축은행 부실대출 관련 비리 수사로 인해 김만배에게 주도권을 넘겨주고 2순위 지분권자로서 사업에 참여했다. 특정금전신탁 중 천화동인 4호를 실질적으로 보유했다. 김용에게 돈을 건네며 재판을 받고 있다. 김용에게 준 돈이 정치자금이란 점에 있어서 최종 종착지가 논란의 핵심.

녹취왕 회계사 '정영학'

회계사로 2009년 5~6월부터 '대장동 개발사업 추진위원회' 자문단에서 활동하다가 2009년 12월에 일부 지분을 취득한 후 대장동 개발사업의 동업자로 있었다. 대장동 개발사업 관련 성남시에 대한 영향력 행사와 공사 설립 등에 있어 도움받기 위해 성남시 분당구 대장동을 지역구로 둔 성남시의원 최윤길을 상대로 편의 제공은 물론 로비 활동을 담당했으며, 대장동 개발사업을 진행하는 동안 사업성 분석, 이익분배 방식 제안, 수용 방식 사업 추진에 따른 공모지침의 주요 사항 마련 등 핵심적인 실무를 담당했다. 위 특정금전신탁 중 천화동인 5호를 실질적으로 보유했다.

김혜경 더하기 '배소현'

　　　　　　　　　　　100억 원대 자산가. 그녀는 그 많은 재산을 어떻게 모았을까. 비서 일을 하며 13년간 단 한 푼을 쓰지 않는다고 해도 모을 수 없는 재산이다. 들리는 말에 의하면 그녀의 집안은 똥구멍이 찢어질 정도로 가난했다고 한다. 그랬던 그녀가 부동산을 사들일 때 현금만 사용했던 점도 의심스러운 부분이다. 부동산 매입 시점을 중심으로 재산 형성 과정을 철저히 조사해야 한다.

　이재명이 변호사로 일할 때부터 데리고 있던 직원[31]이었다. 백종선의 소개였다. 2010년 3월, 당시 제5회 지방선거 성남시장 후보였던 이재명 선거캠프에서 김혜경을 수행하는 것으로 이재명의 선거 활동을 도운 이래 현재에 이른다. 2010년 9월 28일 배소현은 성남시청에 지방계약직으로 임용된다. 담당 업무는 해외 홍보와 외빈 의전.

　2014년 5월 14일 제6회 지방선거에 맞춰 의원면직 후 이재명 성남시장 선거캠프에 합류해 역시 김혜경을 수행했다. 이재명이

31　2018년 11월 18일 오후 6시 2분에 모동희 트위터.

재선에 성공하자 그녀는 2014년 6월 20일에 다시 성남시청의 해외 홍보와 외빈 의전 등 업무 담당 지방행정서기로 임용되었다.

2017년 2월 13일 더불어민주당의 제19대 대통령 후보 당내 경선 일정에 따라 의원면직 후 그녀는 이재명의 대통령 선거캠프에 합류해 김혜경을 수행했다. 이재명이 당내 경선에서 패배하자 2017년 7월 20일에 다시 성남시청에 해외 홍보와 외빈 의전 업무 담당인 지방행정주사보(일반임기제)로 임용되었다.

2018년 3월 28일 제7회 지방선거에 맞춰 의원면직 후 이재명의 경기도지사 선거캠프에 합류해 김혜경을 수행했다. 2018년 7월 1일 이재명이 경기도지사에 취임하자 2018년 9월 20일 경기도청에 대외 협력 정책 요원(국회·정부와의 대외 협력 및 홍보 명목) 분야의 지방행정사무관(일반임기제)으로 임용되었다. 이후 의원면직해 2021년 9월 2일 이재명의 제20대 대통령선거 선거캠프에 합류해 김혜경을 수행했다.

2018년 9월 20일 경기도청에 대외 협력 역할을 담당할 임기제 사무관 자격으로 임용된 후, 직제상으로는 경기도청 자치행정국 총무과 소속이었지만, 실제로는 주로 담당했던 일이 경기도지사 이재명의 공관 관리 명목으로 이재명이 공관에서 먹을 음식이나 의약품 관리, 세탁물 관리 등 일상의 편의를 위한 잡무를 챙겼다. 또는 김혜경이 거주하는 성남시 분당구 수내동 소재 자택을 수시로 오가며 김혜경 또는 그 가족을 위한 음식을 제공하거나 병원 방문, 모임 일정 등 다양한 사적 영역 업무들을 관리했다. 물론 전국을 순회하며 경선 운동을 하는 이재명의 동선에 맞춰 배후에서 외부 활동에 필요한 차량 준비 등 수행하는 역할도 담당했다.

국민은 현금인출기

그녀의 이력에서 봤듯이 공무원으로서의 업무 이행 이력은 거의 없다. 이재명의 아내 김혜경을 케어하거나 이재명의 잡일을 케어한 이력만 있다. 말하자면 이재명과 그의 배우자 수행비서로 채용된 사실이 없음에도 그러한 일을 담당했다. 세상을 떠들썩하게 만든 법인카드 논란의 주인공이다. 수법이 마술 수준이다. 소고기를 구매하는 데 개인카드로 결제했다가 경기도 비서실의 법인카드로 바꿔치기하는가 하면, 누가 봐도 뻔한 김혜경을 위한 폐경기 호르몬제 대리처방을 받은 게 들통나니까 '자기가 먹기 위해' 구매했다는 거짓말을 유포했다.

법인카드와 관련해 세간엔 이런 얘기가 돌고 있다. 이재명이 성남시장 시절에 각 과에서 사용하는 업무추진비 중 일정 부분을 쓰지 못하게 하고 그것을 시장실에서 썼다는. 그러니까 합리적으로 추정되는 게 배소현이 쓰고 결제했던 비용이 각 과의 업무추진비 중 일부가 아니었을까 하는. 그런 관점에서 이 부분도 수사를 해봐야 할 거로 보인다.

2022년 2월 3일, 나는 이재명, 김혜경, 배소현을 즉시 '국고손실죄', '의료법 위반죄', '직권남용죄', '업무방해죄', '공직선거법상 허위사실 공표죄' 등으로 공수처장, 검찰총장, 경찰청장에 고발했다.

범죄꾼의 범죄 기술은 언제나 상상을 초월했다.

그리고 유동규

"난 배신하지 않았다. 먼저 배신한 건 이재명이었고,
　정진상과 김용이었다. 그들은 내게 자살을 종용했고,
　모든 죄를 내게 뒤집어씌우려 했다."

2006년부터 성남시 분당구 정자동 소재 한솔마을 5단지 아파트 리모델링 추진위원장으로 활동했다. 2008년 아파트 리모델링 제도 개선 등을 목적으로 하는 분당 리모델링협의회를 결성해 활동하던 중, 성남시장 출마를 준비하던 이재명을 알게 되어 리모델링 규제 관련 주택법 개정 활동을 함께하다가 2010년 6월 2일에 실시된 제5회 지방선거에 이재명이 민주당 소속 성남시장 후보로 출마하자 김용 등과 함께 분당 지역 리모델링 추진위원장들을 규합해 이재명 지지를 선언하는 등 선거를 도와 이재명 당선에 일조했다.

이재명의 성남시장 당선 후 공직 유관단체 임원[32]에 해당하는 '성남시시설관리공단' 기획본부장에 발탁되어 2010년 10월 15일

32　공직유관단체 임직원은 「구 부패방지및국민권익위원회설치와운영에관한법률(법률 제11690호)」 제2조 제3호 및 「공직자의 이해충돌 방지법」 제2조 제2호에 따른 '공직자'에 해당함.

부터 2014년 4월 14일까지, 그리고 2014년 7월 17일부터 2018년 3월까지 공단과 그 후신인 '성남도시개발공사' 기획본부장으로 근무하면서(2015년 3월 11일~7월 9일 사장 직무대행) 이재명의 지휘·감독 하에 공사 설립, 위례신도시 A2-8블록 공동주택신축사업('위례신도시 개발사업'), 판교·대장지구 도시개발사업('대장동 개발사업')과 연계된 성남 제1산업단지('1공단') 부지 공원화 사업 등 추진 업무를 담당했다. 그의 조직 장악력을 이재명은 신뢰했고, 다른 산하기관에 "유동규를 보고 배워라"고 할 만큼 그에 대한 이재명의 신망은 두 터웠다.

2018년 6월 13일 실시된 제7회 지방선거에서 이재명이 경기도지사로 당선된 후 산하 지방공기업인 '경기관광공사' 사장에 임명되어 2018년 10월 1일부터 2020년 12월 31일까지 재직하는 등 2010년부터 지속해서 이재명의 선거와 정치 활동을 지지·조력하는 활동을 하고, 이재명과 그의 측근 정진상, 김용과 긴밀한 관계를 맺어 왔다.

증인 혹은 피고인

정진상, 김용과의 균열이 생긴 건 대장동 사건이 터지면서부터였다. 유동규는 재판을 받으며 그들과 함께했던 일들을 반성하고 그 일당에서 빠져나왔다. 그의 증언 하나하나는 법적으로 매우 중요한 증거다. 한때는 이재명을 위해 모든 걸 자신이 떠안고 갈 작정이었다고 한다. 하지만 그가 죽음으로써 이재명, 정진상, 김용

등의 죄를 자신에게 죄다 덮어씌우려던 음모에 치를 떨었다. 함께 한 세월이 얼마인데 그럴 수 있나 하는 배신감?

유동규의 증언이 중요한 건 현재 이재명이 받는 범죄 혐의에 오더베이스로 함께했기 때문이다. 전부는 아니더라도 대부분을 함께했다. 함께 공모했을 경우 함께했던 사람의 증언은 그래서 중요하다. 그는 방송이나 언론 인터뷰 등을 통해 입버릇처럼 말하곤 한다.

> "난 죄인이다. 죄가 없다고 말하지 않는다.
> 내가 지은 죄는 내가 받을 테니
> 당신들이 지은 죄는 당신들이 받아라."

진실을 말하는 사람은 100번을 얘기해도 같은 말을 할 수밖에 없다. 유동규는 현재 100시간이 훨씬 넘는 유튜브 방송을 했고, 수십 개의 언론 인터뷰를 했다. 거짓말이 있다면 이재명과 김만배 일당 측에서 가만히 있을 리가 없다. 진실의 문은 곧 열릴 터.

김만배 일당 '김용' 재판 속에 담긴 함의

2023년 11월 30일, 김만배 일당의 한 명인 김용의 재판 1심 선고가 있었다. 장장 135쪽의 판결 내용이지만, 내용은 아주 심플하다. 남욱 변호사가 유동규와 정민용 변호사를 통해 이재명의 최측근인 김용에게 돈을 건넨 사건이다. 김용은 징역 5년에 추징금 6억 원과 벌금 7000만 원의 판결을 받았다. 바로 법정 구속이 이루어졌다. 반면에 돈을 준 남욱과 전달했던 유동규는 무죄로 판결났다.

여러모로 함의가 있는 재판이었다. 앞에서 설명했듯이 남욱은 변호사가 아닌 민간사업자를 대표해 이재명의 최측근인 김용에게 자금을 건넸다. 그러면 자금의 최종 종착지가 김용이었을까?

더구나 그 돈을 건넨 시점이 2021년 4월에서 7월로 이재명이 대선 경선을 준비하던 때가 아닌가. 누가 봐도 자금의 최종 종착지는 의심의 여지 없이 한 사람을 가리킨다. 김용, 정진상, 유동규는 이재명의 최측근이긴 해도 그들이 최종 결정권자가 아니란 건 여러 번 설명했다. 아주 사소한 것 하나도 보고를 받았고, 결정도 오직 이재명만 했다.

이날 재판은 유동규 진술에 상당 부분 의존했다. '매우 구체적이고, 세밀하게 진술한 것'을 재판부가 인정했다. 유동규의 이런 진술에 대해 증거로 채택하지 못하게 김용 측의 온갖 방해가 있었지만, 유동규는 흔들림 없이 사실대로 진술했고, 재판부로부터 인정받았다.

그의 진술은 이후 다른 재판에 어떻게 쓰일지 바로미터다.

더불어 흐려진 당의 미래

　　　　　　현재 봇물 터지듯 밀려든 이재명의 사법 리스크는 전통 민주당 당대표의 모습이 아니다. 진보의 모습을 찾아볼 수가 없다. '인권'이 어디 있고, '약자 편'이 어디 있나. 부패하고 거짓말하고 트집 잡고 아니면 말고 식의 가짜 뉴스 근원지로 도덕적 해이가 이루 말할 수 없다.

　당내 민주주의가 독재보다 더하다는 평가가 다만 그냥 흘러나온 말이 아니다. 겉으로는 민주주의를 내세운 듯하지만 실제로는 '흑백 논리'와 '이중잣대' 그리고 다수의 숫자를 내세워 폭정을 밀어붙이는 야당으로 전락했다.

　더구나 거대 야당의 도덕적 해이는 이재명에서 비롯된 한국 정치사의 불행이고, 국민의 불행이며 나아가 국가의 불행이다. 오로지 자기 권력 유지에만 혈안이 돼 거미줄에 걸린 곤충처럼 아등바등하는 꼴이라니. 그러면 그럴수록 자신을 더 얽매는 거란 사실을 이재명 그만 모르고 있다는 게 개탄스럽다.

이재선 회계사의 소박한 꿈

2부

악마 일지

개인의 삶
타인의 삶

삶의 행로를
어둠 쪽으로 이끄는
힘을 지닌
절대자 '악마'

5
장

범죄의

서막

까마득히 몰랐다.
처음 백종선이 '이재선의 글을
분석한 결과 미친 사람으로 판명되
었다'고 했던 말이 무슨 뜻인지.
이재선 회계사도, 아내 박인복도
몰랐다. 아니 짐작조차 할 수 없었
다. 미친 사람으로 판명되었다?
이미 이재선을 정신병원에 가두려
는 음모가 진행되고 있었다.

사라진 민원 글

이재선이 성남시에 78개의 민원 글을 올린 게 하루아침에 사라지는 황당한 사건이 발생했다. 시청 측에서 스크린 처리해 버렸다. 일방적인 조치로 민원인과 시민들이 볼 수 없게 만들었다. 누구의 지시로 그런 짓을 했는지는 뻔한 일이었다. 몹시 화가 난 이재선은 2012년 5월 19일 오전에 가천대학교 운동장에서 진행된 운동회에 갔다가 참석했던 성남시 공무원들에게 경고의 메시지를 날렸다.

"영화배우 김부선 건의 진실을 다룰 테니
대응할 준비를 하시지요."

이재선의 김부선 언급에도 이재명으로부터는 연락이 없었다. 혹시나 해 먼저 전화를 건 것은 이재선이었다. 몇 차례 전화를 걸었지만 받지를 않다가 예닐곱 번쯤 신호가 가고서야 전화를 받았다. 이재명의 수행비서 백종선이었다. "이재명이 어디 있느냐"는 이재선의 질문에 백종선은 '행사 중'이라고 했다. 전화를 바꿔 달라는 이재선의 말에 백종선은 단호히 '안 된다'라고 했다. 대개는 그런 상황에선 '전화를 받을 수 없으니 당사자에게 전화하라고 하겠다'라고 하던가, '메모를 남기면 전달하겠다'라는 멘트가 나와야 정상이다. 백종선은 기본 태도가 돼 있지 않았다. 이재선은 그의 불손한 태도에 몹시 화가 났다고 했다.

더구나 이재명의 행태에 상당히 격앙돼 있었던 이재선이었다. 순간 어떤 시민이 〈성남시에 바란다〉 코너에 올렸던 '백종선의 딸 백아연 K팝스타 플래카드' 건이 생각난 이재선은 백종선을 향해 말을 던졌다. "요즘, 플래카드가 문제던데요? 공무원이면 이런 일을 누가 아부하려고 걸었더라도 이를 말려야 하는 게 아닌가"라고 했더니 백종선이 발끈했다.

자신의 딸을 거론했다며 흥분하여 이재선을 '죽이겠다'고 달려들었다. 이재선은 그날 백종선으로부터 문자 1개를 받았다. 비극은 그렇게 시작되었다.

조작의 가족사

이재명은 입만 열면 '슬픈 가족사'를 언급했다. 마치 아주 오래전부터 정치에 관심이 많았던 이재선 회계사가 성남시장이 된 동생 이재명에 대한 열등감과 질투심에서 빚어진 갈등인 듯이 자신에게 쏟아진 비난을 피해갔다. 악의적이었다. 이재선은 성남시에 비판만 할 뿐 정치에는 관심을 두지 않았다.[33]

이재명은 그의 형 이재선과의 갈등이 있었고, 이재선이 정신병 치료를 받은 것처럼 쇼했다. 하지만 이 부분에는 일부만 사실이고

---

33 이재선 씨의 딸인 이주영의 증언.

나머지는 사실이 아니다.

그 시절, 가난을 겪지 않은 사람은 거의 없다. 나만 해도 전북 정읍의 한 시골 마을에서 10남매 중 막내로 태어났다. 시골 마을에서 농사를 지으며 10남매를 키우고 살았던 부모님의 삶이 어떠했을지는 대부분이 짐작할 수 있으리라. 그래도 언제나 '남에게 피해 주지 말고 살아라', '선하게 살아라'라는 부모님의 가르침 속에 주어진 환경을 부정하지 않고 내가 할 수 있는 노력을 하며 여기까지 올 수 있었다. 그 정도의 아픔과 사연이 없는 사람은 별로 없다는 얘기다.

이재명 역시 경북 안동의 깊은 산골에서 5남 2녀 중 다섯째로 태어났다. 초등학교를 마치고 부모님과 함께 성남시로 이사했다고 했다. 그렇지만 살기 위해 가족 모두가 함께 고향을 떠나는 삶은 그 시대 그만 겪는 삶의 조건은 아니었다. 당시 성남이란 지역은 서울시 청계천과 철도변의 판자촌 주민들을 강제 이주시켜 형성된 곳이었다. 대부분이 힘들었지만, 열심히 살아야 할 희망의 땅이기도 했다.

이재선 회계사가 박인복과 결혼한 직후, 성남시 상대원동[34]에서 7가족이 함께 살았다. 말하자면 이재선·박인복 부부와 부모님, 미혼이었던 이재명과 그 밑의 두 동생이 한 지붕 아래에서 함께 살았다. 이재선·박인복 부부가 결혼한 그해에 이재명은 사법시험

---

34 상대원동 1258번지. 이재명이 다른 형제들과 매각 대금 5000만 원을 두고 분란을 일으킨 문제의 집.

에 합격해 1989년 성남에서 변호사를 개업했다. 이재명의 형수 박인복은 그런 이재명에게 지금의 부인 김혜경을 소개했고, 1991년에 결혼했다.

이재명과 김혜경이 결혼한 이후 1992년부터 2012년 갈등이 있기 전까지 21년간 박인복과 김혜경은 가깝게 지냈다. 갈등이 있기 전까지 형제나 가족 간의 갈등은 전혀 없었다. 단 한 번의 고성도 오가지 않았다고 한다. 특히 이재선 회계사는 2000년 1월 11일부터 2012년 3월 28일까지 그의 어머니 구호명에게 매월 20만 원씩 생활비를 보내드렸다. 이런 사실로 보아 이재명이 '슬픈 가족사'라는 표현으로 이미 오래전부터 이재선 회계사와 갈등이 있었던 것처럼 부풀리고 호도한 것은 거짓말이다. 다음은 이재명이 자신의 자전적 에세이에 실은 일부 내용이다.

"내가 변하기 시작한 것은 두 번의 자살 기도가 실패로 끝난 뒤부터였다. 그 사건이 인생의 터닝포인트였던 셈이다. 그때부터 나는 세상에 대한 두려움도 사라졌고, 어떤 일이 닥치건 대수롭지 않게 웃어넘겼다."[35]

위의 내용은 몇 줄에 지나지 않지만, 이재명과 관련된 수많은 사건과 연관해 들여다보면 많은 것들에서 실마리가 풀린다. 두 번

---

35   이재명(2017), 《이재명은 합니다》, 위즈덤하우스, 26쪽, 13~16줄.

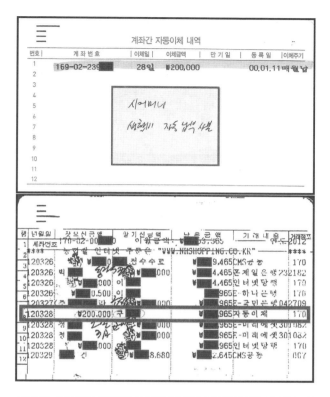

〈사진 2〉 1986년에 결혼하면서 어머니께 매달 드리던 용돈을 2000년 1월부터 자동이체로 송금한 통장 사본.

이 사진은 어머니 구호명에게 2000년 1월 11일부터 2012년 3월 28일까지 매월 20만 원의 생활비를 자동이체한 통장의 사본이다. 이재명의 주장대로 2006년 어머니 구호명이 이재선에게 5000만 원을 빌려주지 않아서 갈등이 생긴 거라면 이재명 식으로 2006년부터 이재선은 어머니에게 생활비를 보내지 말았어야 한다. 하지만 이재선은 2012년 3월까지 어머니에게 송금했다. 여기서 주목할 것은 이재선이 2012년 3월까지 어머니에게 송금했다는 사실. 이재선이 송금하지 않은 것은 2012년 4월 이후, 이재선에 대한 이재명의 온갖 모략이 시작됐기 때문이다. 시정을 비판하는 이재선을 정신병자로 몰아 정신병원에 감금하기 위한. 어머니와 다른 여러 형제들은 이재명 편에 섰다.

의 자살 기도, 그리고 어떤 일이 닥치건 대수롭지 않게 웃어넘기는 캐릭터. 그걸 염두에 두고 지금부터 세상을 떠들썩하게 만든, 그 사건을 들여다보도록 한다. 그러면 그가 보인다.

선택적으로 발휘되는 공정성, 백아연 사건

이재선이 백아연에 대한 문제를 제기했던 것은 다른 시민이 먼저 〈성남시에 바란다〉에 글을 올려서이고, 그 글을 읽고 2012년 4월 23일에 이재선 회계사도 민원을 제기한 것이다. 그전까지 그는 백아연이 누군지조차 몰랐다고 한다. 각 주민 센터와 청소년수련관 등에 주민자치위원회 이름으로 응원 플래카드는 물론 포스터 등이 여기저기 걸려 있다는 글을 보고 살펴보니 실제로 그러했다.

이재선이 문제 삼으려 했던 것은 '세금 낭비'와 '공정 경쟁 위반'이었다. 공공기관 앞에 홍보용 플래카드를 건다는 것이 쉬운 것도 아닌데, 한두 군데도 아니고 여기저기 걸어놓은 거로 보아 공인의 힘이 아니고는 불가능한 일이었다. 성남문화원 공식 사이트에도 백아연의 홍보 글이 올라와 있었다.

이재명은 한술 더 떠 자신의 SNS에 백아연에 대한 글을 올리는가 하면 함께 찍은 사진을 올리기도 하고, 그녀에 관한 다른 기사까지 공유하며 홍보에 나섰다. 친딸이라도 할 수 없는 일을 이재명은 공공연하게 했다. 문자 투표까지 독려했다는 얘기도 돌았다.

공개 오디션 프로그램에서 시청자 문자 투표가 차지하는 비중은 매우 크다. 그것을 성남시가 나서서 홍보해 주는 모양새라니. 기가 막힐 노릇이었다. 분명히 예산 낭비였다. 대명천지에 어떤 기관장이 한 개인을 위해 이러한 말도 안 되는 예산을 낭비한단 말인가. 다른 경쟁자들의 권리를 착취하는 행위까지 마다하지 않으면서 말이다.

이재선은 궁금했다. 도대체 누구의 아이디어인지. 입만 열면 국민의 행복을 담보하는 공정한 국가를 만들겠다고 떠드는 사람이 보여 주는 것들은 참으로 이해할 수 없는 부분들이 많았다. 공정, 공정을 부르짖으면서도 공정이라고는 찾아볼 수 없는 사람. 앞에서 언급했듯 임기가 남은 단체장을 측근으로 교체하는 과정이나, 자신의 수행비서 딸을 위해 세금까지 써 가며 절대 공정하지 않은 일을 벌이는 사람이 공당의 대권 주자였고, 거대 야당의 당대표인 우리의 현실, 참담하다.

친형인 이재선 회계사는 바른말을 한다는 이유로 눈엣가시처럼 여기지만, 그의 수행비서는 어떤 인물이기에 이재명이 국민을 속여 가면서 공권력의 특혜를 받게 하는 것일까.

이력이 화려했다.

– 이재명 시장! "폭언한 백 모 비서 파면하라"

  성남시의회 한나라당협의회, 기자회견서 주장… 이재명 시장 사퇴

도 '촉구'

성남시의회 한나라당협의회가 21일 새벽 긴급 기자회견을 하고 폭언과 협박을 한 이재명 시장의 수행비서 백모 씨의 파면과 이재명 시장의 사퇴를 촉구하고 나서 파란이 예상된다.[36]

– 성남시장 비서 술에 취해 택시 기사와 경찰 폭행[37]

– 이재명 성남시장의 수행비서 A 씨가 마을버스 업체 인허가 과정에서 금품을 받은 혐의(알선수재)로 지난 5일 검찰에 체포됐다. 공교롭게도 이날은 이 시장이 직원 조회에서 '내 이름을 팔아 접근하면 비서실에 바로 신고하라'고 경고한 날이다.[38]

성남시는 이에 대해 백종선이 알선수재 사건 전, 불미스러운 폭행 사건에 연루돼 '2014년 2월에 해임됐다'고 했다. 이보다 더 놀라운 것은 이재명은 백종선이 해임된 그 자리에 백종선의 친동생을 앉혔고, 동생의 부인 역시 임용시험 없이 성남시 공보관실에 채용했다는 사실이다. 기겁할 노릇이다. 상식적인 사람은 도저히 이해할 수 없는 이재명식 측근 관리가 아닐 수 없다. 이재명은 그 때나 20대 대선 후보였을 때나 거대 야당 당대표가 된 지금이나

---

36 모동희 기자, 《성남일보》, 2011.12.21.
37 최인진 기자, 《경향신문》, 2013.12.16.
38 《헤럴드 경제》, 2016.7.6.

굿바이, 범죄꾼

변함이 없다. 자신의 책에다 썼던 내용처럼 자신이 하는 일에 있어선 누가 뭐라 하던 대수롭지 않게 여겼다.

2021년 11월 10일에 있었던 관훈클럽 토론회에서 '대장동 특검을 하냐'는 기자의 질문에 돌변하면서 "동시 특검? 내가 뭘 잘못했나?"를 말하던 이재명의 표정. 그로테스크하다.

어쨌든 백종선은 현재도 여전히 이재명을 위해 열심히 일하고 있을 것이다. 그러니 당시 백아연의 이야기를 꺼냈던 이재선을 향해 '죽이겠다'라고 했던 말은 다만 허언이 아닐 것은 불을 보듯 뻔한 일이었다.

"그 아가리를 닫게 해 주지"[39]

"전화 받아서 욕한 거 사과해요. 안 그러면 나, 죽을 때까지 용서 못합니다. 내 딸아이 이름까지 욕되게 했으니까 더더욱 용서 못해!"[40]

2012년 5월 19일 오후 12시 45분. 이재선의 휴대 전화로 문자가 들어왔다. 백종선이었다. 직전에 이재선을 '죽이겠다'고 협박 아닌 협박을 해대던 백종선이었기에 이재선은 그의 전화를 받지 않았다. 그러자 문자를 보냈다.

39 2012년 5월 20일 오후 3시 17분에 백종선이 이재선 씨에게 보낸 문자.
40 녹취.

문제는 그다음 날인 2012년 5월 20일이었다. 백종선이 아침 일찍 이재선의 휴대 전화로 전화를 하여 20분 이상 차마 입에 담지 못할 쌍욕을 해댔다. 더는 듣고 있을 수 없던 이재선이 전화를 끊어버린 후 휴대 전화 전원을 꺼 버렸다. 그러자 잠시 후(오전 9시경) 집 전화가 울렸다. 아내 박인복이 받았다. 백종선이었다. 그는 박인복에게 '이재선을 바꿔라'며 언성을 높였으나 박인복은 '집에 없다'라고 하고는 바로 전화를 끊었다. 백종선은 어떻게 알았는지 이번에는 박인복의 휴대 전화로 전화를 걸어왔다. 박인복이 전화를 받자 백종선의 협박과 폭언이 이어졌다.

"이재선이 욕하면서 백아연을 죽이겠다고 했어. 내가 가만 안 둬! 그리고 그거 알아? 이재선의 글[41]을 분석한 결과, 미친 사람으로 판명된 거. 알아? 아느냐고?"

까마득히 몰랐다. 처음 백종선이 '이재선의 글을 분석한 결과, 미친 사람으로 판명되었다'고 했던 말이 무슨 뜻인지, 이재선 회계사도, 아내 박인복도 몰랐다. 아니 짐작조차 할 수 없었다. 미친 사람으로 판명되었다? 이미 이재선을 정신병원에 가두려는 음모가 진행되고 있었다.

어쨌든 이재선이 휴대 전화 전원을 끄고 전화를 받지 않자 백종선은 2012년 5월 20일에만 전화와 음성 메시지 그리고 문자 메시지를 무려 107건이나 날렸다. 여기에는 일부만 수록하도록 한다.

41　이재선 씨가 성남시의 〈성남시장에 바란다〉 코너에 올린 게시 글을 말함.

2012.5.20 오전 10:19 그렇게 하지 내가 어떤 놈인지 잘 모를 거야. 열불 나서 당신 집사람하고 지금 막 통화 끝냈다. 협박이라~ 진짜 협박이 어떤 건지 아직 모르는구만. 앞으로 시청 홈피에 한글자라도 이재선 올라오면 나 그 길로 옷 벗고 나간다. 나가고 나면 내가 무슨 짓 할지 나도 몰라. 낼은 이주영을 만나러 갈 꺼야. 아빠에 실상을 알려 줘야지

오전 10:57 통화로 안 끝나. 나 사표 썼으니까 이제부터 내가 할 꺼야. 기대해

오후 2:32 당신 뼛속까지 들어가서 그 나쁜 근성 뽑아낼 거야. 기대해봐. 당신이 다른 사람들한테 한 것보다 백배쯤은 될 거야

오후 3:17 그 아가리를 닫게 해 주지

며칠 후, 백종선이 이재선 회계사 사무실로 찾아왔다. 점심시간이 지난 오후 1시 30분경이었다. 그는 근무 중에 근무지를 이탈해 이재선을 찾아왔다. 백종선은 이재선이 보이지 않자 직원들에게 온갖 폭언을 퍼붓고 돌아갔다. 사무실 직원들은 두려움에 치를 떨었다.

백종선은 거기에서 그치지 않았다. 다시 불량배로 보이는 사내 두 명을 이재선 회계사 사무실로 보내 "육두문자를 사용한 사람이

누군지 보러 왔다. 앞으로 만날 날이 많을 테니 지켜보겠다"며 겁박했다.

이재선으로부터 그 사실을 전해 들은 아내 박인복은 이재명의 아내 김혜경에게 전화했다. "협박하지 않게 말려 달라"고 부탁하기 위해서였다. 김혜경은 전화를 받지 않았다. 여러 차례 전화해도 받지 않기에 문자 메시지로 "협박을 말려 줄 것"을 호소했다. 김혜경은 끝내 아무런 답변을 하지 않았다.

이재선은 집 전화를 가족이나 형제들 이외에는 공개하지 않았다. 이재명을 통하지 않고는 백종선이 이재선의 집 전화를 알 수 없는 이유다. 그러니 백종선의 욕설과 협박 행위는 이재명의 사주나 묵인이 아니고서는 불가능했다. 더구나 이재선·박인복 부부가 계속되는 백종선의 욕설과 협박 행위를 중단시켜 달라고 부탁하기 위해 이재명과 김혜경에게 전화했지만, 그들은 일체 전화를 받지 않았다. 문자에도 아무런 답변이 없었다.

백종선은 여전히 박인복의 휴대 전화로 전화를 걸어 "죽인다, 가족 모두 죽인다"고 협박했다. 그러면서 "이재선이 미쳤으니 약을 먹이라"는 식으로 몰아갔다. 심지어 딸 이주영의 휴대 전화로 전화해 "내가 찾아가서 아빠의 실상을 알리겠다"는 협박[42]도 일삼았다.

후일 이재선은 이재명에게 "왜 우리 가족의 신상을 백종선에게

---

42   백종선은 생각으로 끝내지 않고, 이재선 씨의 딸 이주영에게 전화해 협박했다.

제공했냐?"며 따졌더니 이재명은 아무런 죄의식 없이 당연한 투로 말했다.

"가족도 공인이야. 당연히 백 비서가 관리해."

이재명에게 묻고 싶다. 가족이라면서 형 가족에게 그렇게 해도 되는가? 조카에게까지 협박하는 게 가족인가?

이재선에 대한 백종선의 협박은 2012년 5월 28일까지 계속해서 이어졌다. 문자와 음성 메시지로 "사과하지 않는다"는 이유로 협박했다. 이재선으로선 백종선에게 시달리는 것이 너무 힘들었다. 세 번씩이나 "사과한다"고 했다. 그러자 이번에는 백종선이 "사과를 받지 않겠다"고 했다. "무릎 꿇고 사과하면 되느냐"고 해도 "사과를 받지 않겠다"고 막무가내로 버텼다. 그 말에 이재선의 감정이 왈칵했다. 그대로 가다간 '평생 그의 노예가 될 수 있겠다'는 생각이 들면서 그동안 백종선이 반말로 약 올리고 욕하던 것들이 한꺼번에 스쳐 갔다. 백종선의 언어로 되돌려 줬다. "그래 뱃대지 쑤셔라. 회칼이냐? 왼쪽부터?"라고 말 대거리를 했다.

백종선은 애초에 사과를 받을 목적이 아니었다.

실제로 내가 당시 이재선에 대한 정신병원 강제 입원 음모를 알게 된 것은 분당 서울대학교병원 정신건강의학과 전문의 장재승이 구성수 보건소장에게 보낸 서류를 보게 되면서였다. 2012년 4월 4일에 작성하여 2012년 4월 5일 오후 1시 42분에 보낸 서류였다. 서류의 제목은 〈이재선 씨의 문건에 대한 평가 의견〉이었다.

이재선은 백종선이 상식적으로는 도저히 이해할 수 없는, 위와 같은 터무니없이 과도한 욕설과 도발을 일삼았는지를 당시로는 알 수 없었을 터였다. 이재명은 그 이전부터 이재선을 정신병원에 강제 입원시키려고 작정했고, 그 실행을 위해 정신과 전문의 소견을 들었다. 그런 다음에 백종선에게 과도한 도발을 하게 만들어 이재선을 정신병자로 몰아가려 했다. 일련의 내용을 모두 녹음했을 것으로 추정된다.

장

2012년
5월 28일

그 당시엔 아무것도
아닌 일들이었고 말이었다.
그런 것이 이재명의
입을 거치면 눈덩이처럼
커지고 왜곡되곤 했다.

제 앞가림이 먼저인
어머니에게

　　　　　　　　이재선으로선 속수무책이었다. 백종선의 언어폭력을 중단시킬 아무런 방법이 없었다. 이재명과 김혜경은 아예 전화를 받지 않았기 때문에 달리 방법이 없었다.

2012년 5월 28일, 이재선은 어머니 구호명의 집으로 발길을 돌렸다. 어머니를 이재명과 통화하게 한 다음 전화를 바꾸어 자신과 통화할 생각이었다. 이재선의 부탁을 받은 어머니는 이재선의 말대로 이재명에게 전화를 걸었다. 두어 번 신호가 가자 이재명이 어머니의 전화를 받았다.

어머니　응~ 나야~ 근데, 협박하지 말라고

이재명　아니, 협박 안 한다니까 무슨 협박을 해요? 정신 나간. 남들 욕하고 다니니까 그런 거지.

어머니　난~ 아무것도 모르니까.

이재명　응?

어머니　난~ 아무것도 모르니까.

이재명　거~ 말 같지 않은 소리 한다네. 거~ 누가 협박을 해요? 본인이 온 동네방네 욕하고 다니니까 그러지. 좀 바꿔줘 봐요.

어머니　(이재선을 보며) 바꿔 달래~

이재선　(전화를 받아들고) 여보세요.

이재명　예, 온 동네방네 욕하고 다니니까 그런 거 아닙니까? 뭘~

이재선 그래서 수행비서를 보내서 협박하나?

이재명 뭘~ 보내? 보내기를~

이재선 반말하나? 지금?

이재명 뭐라고요?

이재선 내가 정신병자라는 거지? 아까 정신병자라 그랬지? 내보고~

이재명 지금 (청취불능)? 지금 그게~

이재선 그럼~ 정신병자지? 내가 미친놈이지? 그래서 보건소장을
가지고 나를 죽일려고 그랬지?

이재명 아니, 쓸데없는 소리 하지도 마십시오. 허튼 소리 하고 있어~

(중간 생략)

이재선 야~ 대단하다. 권력이~

이재명 권력이~ 무슨 권력이요?

이재선 너~ 1년 반밖에 안 남았어~

이재명 (청취불능)

이재선 칼로 쑤셔라! 아예 칼로 쑤셔라!

이재명 뭐라고요?

이재선 나 오늘 너희 집하고 우리 집하고 한우리 교회하고 엄마
네 불 싸지른다. 당장 안 오면~

이재명 불 싸질러? (청취불능)

(이하 생략)

이재선은 어이가 없었을 것이다. 자신의 가족에게 온갖 악행을

굿바이, 범죄꾼

저지른 백종선이 아니던가. 그 일을 모를 이재명이 아니었다. 그런데도 시침 뚝 떼고 있는 이재명을 이재선은 어떡하든 어머니 집으로 오게 하여 시시비비를 따져 볼 생각이었다. 이재명이 안 올 수도 있으니 이재선으로선 그렇게라도 자신의 의중을 강하게 전달하고자 했던 말이었다.

"너희 집하고 우리 집하고 한우리 교회하고 엄마네 불 싸지른다. 당장 안 오면⋯."

결국 이 말은 이재선 옆에 있던 어머니를 향한 말이 아닌, 어머니 집으로 오게 할 이재선과 통화 중에 있던 이재명을 향한 말이었다. 그런데 그 말이 다른 의도로 둔갑이 됐다.

그 말을 했다고 하여 이재명이 경찰에 이재선을 고발[43]한 것이다. 그 사건으로 이재선은 뒤의 다른 사건과 병합되어 벌금 500만 원의 약식명령을 받게 된다.

한편 그날 밤 10시쯤, 박인복은 뜻밖의 전화를 받았다. 이재명이었다. 통화하고 싶어 전화할 때는 받지도 않고, 전화도 하지 않던 사람이었다. 이재명은 그 흔한 형식적인 인사치레조차 없이 다짜고짜 자신의 말을 했다.

---

43   직접, 또는 다른 사람을 시켜서.

"요즘 형이 미친 사람처럼 하면서 다니고 있는데, 형수님은 이 사실을 모르십니까? 내 생각에 형이 조울증, 관계망상증, 과대망 상증, 피해망상증 등이 겹쳐 있는 중증상태예요. 치료받고 약 먹 어야 합니다."

대체 이게 무슨 말인가. 박인복은 그때까지도 이재명의 심중 을 알지 못했다. 다만 이재명이 이재선을 두고 '정신병자'라고 하 는 말에 "그렇지 않아요"라고 부정할 뿐. 이재명은 그런 박인복의 말을 막으며 30여 분을 계속해 일방적으로 "이재선이 정신병자가 맞다"며 단정하듯 말했다. 그러면서 덧붙였다.

"병원치료와 약을 먹어야 합니다."

설령, 진짜로 자기 친형이 '정신병'을 앓고 있다면 이재명은 그 렇게 조롱하듯 말할 게 아니라 진심 어린 걱정을 해 주는 게 먼저 여야 하지 않았겠나. 그런 게 아니었기 때문에 비꼬고 조롱하듯 말했다.

이재명은 좀체 전화를 끊지 않았다. 같은 내용의 말을 반복했다. 마침 퇴근해 온 이재선이 아니었다면 박인복은 그 난감한 전화 내 용을 계속 듣고 있었을 터였다. 박인복은 본능적으로 이재명의 전 화를 끊어 버렸다. 그러자 이재명이 다시 전화했다. 그때부터 이 재명은 전화를 받은 이재선에게 10년 전의 이야기에서부터 멀게는 30년 전의 과거 일들을 물었다. 집요했다. 황당해하던 이재선이 물었다.

"왜 지나간 얘기를 들추고, 말도 안 되는 소설을 쓰면서 전화질이냐?"

이재명은 다 계획이 있었던 거로 보인다. 그렇지만 그걸 알 수 없었던 이재선으로선 '대체 왜 이러나' 하는 생각만 했을 뿐이었다.

이재명은 1983년 당시 72만 명의 수험생 중 12,805등을 했던 이재선이 실력도 안 되면서 서울대에 보내주지 않는다며 아버지에게 '땡깡(생떼) 부리지 않았냐'고 했다. 당시 서울대 정원이 몇 명이었는지는 이재선이 더 잘 알았다. 말도 안 되는 이재명의 억지였다. 논리보다는 이재선을 어떡하든 정신병원에 강제로 입원시키려는 자신의 목적을 위해 목록까지 만들어 도발적인 질문을 던진 듯했다.

그러다가 이재선은 자신이 "학생운동을 했었다"는 말을 했다. 그 말에 이재명은 금시초문인 듯 빈정거렸다. 마치 이재선이 하지도 않은 학생운동을 했다며 거짓말이라도 한다는 듯이.

1986년경 이경희[44]는 서울 동부경찰서로부터 연락을 받고 방문한 적이 있다. 경찰이 내민 운동권 학생 명부 맨 앞에 적힌 이재선의 이름을 확인한 아버지 이경희는 새벽까지 이재선을 붙들고

---

44   이재선 씨의 아버지(1986년 10월 사망).

이야기를 했었다. 학생운동을 하는 아들을 걱정해서였다. 그런가 하면 이재선은 여름 방학이면 경찰을 피해 시골로 보름 가까이 피신해 있기도 했다. 집으로 경찰이 찾아왔기 때문이다. 그것을 모를 이재명이 아니었다.

그뿐만 아니었다. 이재명은 이재선에게 "시민운동을 한 게 뭐가 있느냐?"고도 도발했다. 이재선 에게 "시민운동 같이하자"고 하여 성남시민모임의 감사를 이재선이 맡았었다. 특히 시민모임 요청으로 이재선은 경원대(현재의 가천대) 감사 때 우리나라 최초의 민간 참관인으로 활동을 했었다. 그 모든 것을 너무도 잘 아는 이재명이 계속해서 이재선이 시민운동을 한 것이 없다는 식의 우기기를 이어 갔다. 화가 난 이재선은 더는 대꾸할 가치를 느끼지 못했다고 한다. "네 스스로 알아봐라"고 하며 이재명의 말문을 잘랐다.

이재명은 아랑곳하지 않았다. '인수위원을 청탁했다, 인사 청탁을 했다, 교수 청탁을 했다, 은행 지점에서 VIP 대우를 하지 않는다고 행패를 부려 성남시청으로 전화가 와서 자신이 대신 사과를 했다'는 등 견강부회[45]하며 이재선의 말과 행동이 정상이 아니라고 몰아붙였다. 심지어 이재선이 알지도 못하는 '20대 초반 직원의 뺨따귀를 때렸다'고 억지를 부렸다.

이재선은 앞에서도 언급했듯이 이재명이 성남시장 되기 전부

---

45   이치에 맞지 않는 말을 억지로 끌어다 붙여 자기에게 유리하게 함.

———————————— 굿바이, 범죄꾼

터 꾸준하게 성남시에 대한 비판의 글을 자신의 블로그는 물론 성남시 공식 홈피와 지역신문에 올렸다. 자신의 그런 민원이 시정되지 않거나 아무런 반응이 없을 때는 민원인으로서 할 수 있는 일을 했을 뿐이었다. 민원이 왜 빨리 해결되지 않느냐고 전화를 하고, 빠른 조치를 바란다는 의견이 업무 지시라면 세상 어느 시민이 민원을 넣을 수 있겠나. 그것도 모자라 이재선이 인사개입을 했다고 하니 가당치도 않은 말이다. 이재명의 성격상 그런 일이 가능한가? 교수직 청탁도 마찬가지다. 이재선의 선배가 대학 총장이 되고 나서 "강의 한번 하러 나와 봐" 라는 말을 했을 때, "저는 제 일하기에도 바쁘니 괜찮습니다"라고 거절한 게 전부였다.

그 당시엔 아무것도 아닌 일들이었고 말이었다. 그런 것이 이재명의 입을 거치면 눈덩이처럼 커지고 왜곡되곤 했다.

5000만 원 건도 그렇다. 원래 가족들이 어머니와 함께 살던 성남시 상대원동 집을 이재선이 주도해 매각했다. 형제들에게 분배하는 것도 이재선이 주도했다. 한국투자신탁에 근무했던 경험이 있는 이재선의 실력과 능력은 가족 내 신뢰가 높았던 터였다. 그렇게 형제들에게 나누고 남은 5000만 원은 어머니 몫이었다. 이재선은 5000만 원을 어머니와 공동명의로 하여 당시 이율이 높은 한국투자신탁에 맡겼다. 모두 가족회의로 결정한 일이었다.

그런데 2006년경, 박인복이 분양을 대행하는 이재선의 지인 부탁으로 분당 소재 상가 1칸을 분양받게 되었다. 여기저기서 자금을 융통하긴 했는데 중도금이 턱없이 부족했다. 박인복은 남편 이재선에게 '상가 잔금을 대출 받아 갚을 테니 한국투자신탁에 예탁해 둔 5000만 원을 잠시 빌려 쓰면 어떨지'를 물었다. 이재선은 곧장 어머니 구호명에게 전화해 사정을 설명했다.

"이자 더 준다고 재명이가 가지고 갔다."

예상하지 못한 어머니 대답에 이재선은 이재명에게 전화로 "혹시 돈이 여유가 있다면 어머니께 가져간 돈을 내게 빌려줄 수 있겠냐"라고 물었다. 이재명은 퉁명스럽게 자신도 "돈이 하나도 없다"라고 했다. 그런데 이재선이 전화를 한 다음 날 아침 바로 어머니로부터 뜻밖의 말을 들었다. "재명이가 돈을 부쳤다." 그 말에 이재선은 몹시 서운한 생각이 들었다. 자신에게는 돈이 하나도 없다고 했던 이재명이 아니었던가. 이재선은 "어머니가 재명이에게 그 돈을 보내라고 했습니까?"라고 물었다. 어머니는 "그런 적 없다"고 했다.

순간 이재선은 자신보다 '네 살이나 어린 동생 이재명이 자신을 무시해서 거짓말했다'는 생각에 몹시 서운한 마음이 들었다고 했다. 어머니 구호명에게도 서운한 건 마찬가지였다. 공동명의자인 자신의 승낙도 없이 신탁을 해지한 것도 의아했지만 어머니의 "그게 무슨 서운할 일이냐"는 말에 눈물이 왈칵 끼쳤다고 한다. 그 상황이면 "재명이가 돈을 보내왔으니 필요하면 가져다 써라"는 말도 했을 법한데 어머니는 그런 말조차 꺼내지 않았다. 차별당한 느낌에 이재선은 흐르는 눈물을 주체하지 못했다. 은근히 화도 났다. 홧김에 "어머니가, 저의 어머니가 이럴 수가 있습니까? 그 돈 가지고 죽으세요"라고 하고는 전화를 끊었다. 서운해서 했던 말이었다.

이후로 이재선은 어머니와 이재명에게 서운함을 떨쳐낼 수 없어서 다소간 소원할 수밖에 없었다. 그렇다고 세 사람 사이는 물론 다른 형제간의 갈등이 초래된 것은 없었다. 고성 한 번 오간 적도 없었다. 다만, 살가운 면은 없었어도 평온하게 지냈다. 명절이나 생신 때 아내 박인복을 보내 인사를 했고, 매달 보내드리던 어머니 생활비[46]도 거르지 않았다.

나중에 이재선이 그 건으로 어머니 구호명에게 "뒈지라"는 말을 했다고 인터넷을 떠들썩하게 만든 것은 이재명 측에서 의도적으로 퍼뜨린 거짓말이었다. 이재선을 파렴치한으로 몰기 위함이었다. 2012년 5월 29일은 이재명의 발악이 극에 달했다.

발악하다

이재명이 이재선에게 날린 문자

> **2012.5.29 (화) 밤 1:19** ~ 싫으면 직접 출마하셔요. 당선돼서 가족들 취임식에 소개하고 인수위원 시키고 가족 뜻대로 인사하고 대학교수 같은 자리도 챙겨주고 식당 매점 같은 이권도 많이 챙겨주십시오.

---

46   2000년 1월부터 2012년 3월까지 매월 자동이체로 20만 원을 송금함.

새벽 6:35 전문가들이 형님이 쓴 글과 행동, 공무원들에게 한 녹음된 폭언, 관련된 사람들의 말, 전에 예수 여자 운운하며 쓴 글 등을 보고 내린 결론은 조울증, 관계망상증, 과대망상증, 피해망상증이 겹쳐 있는 상태로 중증이라는 것입니다. 그리고 주기가 짧아지고 정도가 심해져 계속 악화되는 중이고 치료 시기가 늦어지면 질수록 손상된 뇌의 회복이 점점 더 어렵다는 것입니다.

새벽 6:36 처음에는 5년, 다음에는 3년, 2년 1년에 한 번씩 증세가 생기다가 6개월 3개월 1개월, 결국 하루 단위 시간 단위로 재발하고, 강도와 발현 시간도 세지게 돈답니다. 남의 일인 척하고 정신과에 상담 한 번 해보세요… 불가능하겠지만ㅠㅠ 형님이 지금 하는 행동으로 제게 타격을 준다고 즐거워하겠지만 시간 지나고 우울단계로 접어들면 100프로 후회하시게 될 것입니다. 세상 사람들이 형님보고 뭐라고 하는지, 왜 형님이 그렇게 고대하는 언.

아침 8:18 약 먹으면 아무것도 아니니 그래도 이런 정도에서 병원 좀 갑시다 ㅉㅉ

아침 8:19 항의를 협박이라고 생각하는 거 그게 바로 피해망상이오.

아침 8:23 내가 형님 죽일려고 하는 것 같죠? 그런 게 바로 피해망상이오.

아침 8:26 행동이었음은 무의식 속에서나마 인정되는 모양이죠? 여하간 병원 갑시다.

2012년 5월 29일, 이재명은 작정이라도 한 듯 이재선을 향해 끝없이 조롱하고 화를 돋웠다.

쉿, 비밀!

　　　　　　　　　그즈음, 1999년부터 알고 지내던 김 모 기자가 이재선 사무실을 방문했다.

"이재명 시장이 이재선 회계사님을 정신병원에 가두려는 음모가 진행되고 있답니다."

처음에 이재선은 그가 하는 소리를 도저히 믿을 수 없어서 혹시 역정보가 아닐까 하는 생각을 잠시 했다고 한다. 그런 짓은 사람의 탈을 쓰고 할 수 있는 일이 아니었기 때문이다. 하지만 그의 이어지는 말은 너무나 구체적이었다.

얼마 전, 자신과 친분이 있는 어떤 보건소장과 점심을 같이하며 들었다고 했다. "이건 비밀인데…"로 시작된 말이었다. 세상에 비밀이 어딨냐고 하면서 들었다고 했다.

당시 분당구 보건소장의 이름은 구성수. 그는 어느 날 이재명으로부터 '정신보건법상 의사 2명의 서명을 받으면 정신병원에 강제 입원시킬 수 있지 않나. 정신과 의사 2명의 서명을 받아 이재선을 정신병원에 입원시켜라' 하는 지시를 받았다고 한다. 구성수 보건소장으로선 여간 난감한 일이 아닐 수 없었다. 고민하다가 전 성남시 의사협회장이었던 정신과 전문의 박응철에게 전화로 자문을 구하게 된다. "이재선 씨는 15년 이상 공인회계업을 잘하고 계시는 분입니다. 이재명의 임기가 2년밖에 안 남았는데 그런 일을 하면 안 되지 않겠냐"는 조언을 듣고 바로 이재명에게 지시를 따를 수 없다고 밝혔다. 그러자 10여 일 만인 2012년 5월 2일 자로 분당구에서 수정구 보건소장으로 전보 조치되었다고 한다. 그 일이 억울하다며 다른 보건소장 등 3명이 모인 자리에서 하소연하는 것을 그 자리에 있던 한 사람이 막역한 김 모 기자에게 전한 말이었다.

김 모 기자의 말은 사실이었다. 2012년 3월 말부터 4월 중순경에 있었던 일이었다.

분당보건소장의 진술 (1)

다음은 구성수 씨가 2018년 7월 2일 분당경찰서에서 참고인으로 진술[47]한 내용이다. 중요한 부분이라 수록했다.

문: 수사관

답: 구성수

---

47   2018년 7월 2일 분당경찰서 진술 조서(1).

답 2012년 3월 말경 분당구 보건소장으로 재직할 당시 성남시 비서실장이었던 윤기천이 두꺼운 서류를 가져다주면서 이를 검토해 보라고 했는데, 그 서류는 이재선이 성남시에 제기한 각종 민원 서류와 성남시의 부서별 공무원과 마찰로 인해 공무원들이 작성한 문서였습니다. 그 과정에서 저는 이재선이라는 사람을 처음 알게 되었습니다.

문 비서실장 윤기천으로부터 검토하라고 받은 문건은 정확히 어떤 것인가요?

답 '성남시에 바란다'는 사이트에 이재선이 제기한 성남시 각종 민원 관련 서류인데 그 서류가 매우 두꺼웠던 것으로 기억합니다. 그리고 이재선이 성남시를 찾아와 민원을 제기하는 과정에서 이를 상대한 공무원들이 그 내용을 작성한 서류인데 작성자인 공무원의 서명이 모두 돼 있던 문건이었습니다.

문 당시 참고인은 비서실장 윤기천으로부터 이재선에 대한 무엇을 검토하라고 지시받은 것인가요?

답 그 문서를 전체 검토해보고 그 내용을 바탕으로 정신보건법 제25조 1항에 의해 시장·군수 등에 의한 강제 입원이 가능한지를 검토하라고 하였습니다.

(중략)

답 2012년 4월 초경 어느 날, 시장님실에 이재명 시장을 포함하여 윤기천, 백종선 비서, 정진상 정책비서, 그리고 저 이렇게 4명이 있는 자리였습니다. 그 자리에서 이재명 시장에게 다시 한번 정신보건법 25조에 의한 강제 입원이 안 된다고 말했습니다. 그러자 이재명 시장이 저에게 왜 (보건) 소장은 자해나 타해할 위험이 있다고 보지 않느냐라고 하며 자신의 컴퓨터에 가서 '정신보건법 제25조 4항의 규정에 의한 자신 또는 타인을 해할 위험의 기준' 중 '자신 또는 타인을 해할 위험인정 기준'을 뽑아 와서 저에게 보여 주면서 이렇게 많은 가능성이 있는데 왜 못하느냐는 식으로 말을 하였으며, 저는 계속하여 의학적 판단으로는 강제 입원이 불가하다고 답변하였습니다.

그렇게 마무리하고 시장실을 나오는데 정진상 정책비서가 저에게 '세 명의 보건소장이 강제 입원할 방법을 찾아봐라'라고 하였습니다.

그래서 그다음 주 바로 있던 확대간부회의가 끝나고 이 문제를 논의하기 위해 제가 수정보건소장인 이형선, 중원보건소장 최대식을 데리고 비서실을 찾아갔습니다. 마침 비서실에 정진상 비서가 있었는데 우리 세 명의 보건소장을 보면서 '이재선의 강제 입원 방법을 빨리 찾아봐라'라고 하였습니다. 중원보건소장 최대식은 그날 이재선의 강제 입원 관련 사실을 처음 알게 된 것이라 깜짝 놀랐습니다. 옆에 있던 이형선 소장이 저에게 최대식 소장을 왜 데리고 왔냐는 식으로 말하기까지 했으니까요. 그렇게 최대식 소장은 돌아갔습니다.

시장실에 이재명 시장, 윤기천 비서실장, 정진상 비서, 백종선 비서, 이형선 그리고 제가 있는 자리에서 이재명 시장이 다시 한번 강제 입원을 지시하였고 저는 안 된다고 하였습니다. 그러자 이재명 시장이 이형선을 지목하며 '그럼 이형선 소장이 강제 입원을 시켜'라는 취지로 말하였습니다.

하지만 정신보건센터 관련 업무는 분당보건소에서 책임지고 맡았기 때문에 분당보건소장만이 할 수 있는 실정이었습니다. 그래서 제가 이재명 시장에게 "이형선 소장은 분당보건소장이 아니기 때문에 강제 입원을 시킬 수 없다. 강제 입원은 분당보건소장인 저만 할 수 있는데 저는 강제 입원을 할 수 없다"는 의사를 밝히고 그 자리는 마무리되었습니다.

문 이형선은 어떻게 참고인이 이재선의 강제 입원 업무 지시를 받은 사실을 알고 있었나요?

답 제가 처음부터 강제 입원은 안 된다고 하는 사실에 대하여 이형선 소장은 비서실을 통해 이미 전해 들은 것 같습니다.

문 참고인은 이와 같이 계속하여 강제 입원 지시를 받았는데 어떻게 하였나요.?

답 그러자 이번에는 윤기천 비서실장이 A4 용지에 이재선의 모 구호명이 자필로 작성한 의뢰서를 주었습니다. 그 의뢰서는 '아들 이재선이 정신적으로 문제가 있으니 치료를 받아야 하는데 스스로 치료를 받지 않으니 정신보건센터에서 치료를 받을 수 있게 도와주세요'라는 내용의 의뢰서였습니다.

즉, 정식적인 의뢰서가 접수되어 의뢰서에 대한 검토를 했는데 이번에는 이재선의 주소가 문제였습니다. 의뢰인 구호명은 주소지가 중원구였지만, 대상자인 이재선은 용인시에 거주하기 때문에 성남시에서 처리할 수 없는 실정이었습니다. 그래서 제가 다시 이재명 시장, 윤기천 비서실장, 정진상 정책실장에게 이 또한 안 된다고 말했습니다. 그랬더니 3명이 한 시간가량 이야기하더니 윤기천 비서실장이 저에게 와서 "누구 앞에서 법을 해석하느냐, 어디에 주거지 소속 시에서 하게 되어 있느냐"는 취지로 따졌고, 이재명 시장은 다른 일정으로 나가면서 저를 보더니 "안 되는 이유 1000가지 가져와 봐"라고 하면서 나갔습니다.

문 그 이후 어떻게 되었나요?

답 그 이후로는 저를 부르지도 않더니 약 10일 이후인 2012년 5월 2일자 정기 인사에서 저는 수정보건소장으로 발령이 났고, 이형선 소장이 분당보건소장으로 오게 된 것입니다.

문 참고인은 부시장인 박정오를 찾아간 사실이 있나요?

답 예, 있습니다.

문 참고인은 박정오 부시장을 언제 찾아갔나요?

답 위와 같은 일이 있었던 후로 기억하는데 2012년 4월 초순에서 중순경입니다.

문 참고인이 박정오 부시장을 찾아간 이유는요?

답 이재선의 강제 입원 등 제가 도저히 할 수 없는 일을 지시하는데 다른 곳으로 보내 달라고 말하기 위해 찾아갔고, 이와 같은 의사를 전달하였습니다.

문 참고인의 말을 들은 박정오는 무엇이라고 하던가요?

——————— 굿바이, 범죄꾼

답 자세한 내용은 설명할 수 없지만 제가 수정보건소를 근무한 사실이 없으니까 제가 수정으로 갈 수 있게 도와 달라고 하자 제 의사를 충분히 이해하고 저를 도와주겠다고 하였습니다.

문 참고인은 보직을 변경할 정도로 스트레스를 받은 것인가요?

답 예, 저는 도저히 강제 입원을 할 수 없는 입장이기 때문에 심한 스트레스를 받았습니다.

문 이제까지 다른 참고인을 조사한 바에 의하면 참고인은 당시 거의 울먹이며 박정오 부시장을 찾아가 하소연을 하며 다른 곳으로 발령을 내 달라고 했다는데 맞나요?

답 예, 맞습니다.

문 참고인은 행정 전문가가 아닌 의료 전문가인데 이재선의 강제 입원이 안 되는 상황을 정확히 판단한 것인가요?

답 제가 보전소장을 10년 넘게 했기 때문에 절차 등 행정 업무는 자세히 알고 있습니다.

　　　강제 입원의 경우 정신과 전문의나 전문요원이 정신질환으로 자해하거나 타인을 해할 위협이 있는 자를 발견할 때는 시장·군수에게 진단 및 보호 신청을 하게 되어 있습니다. 즉, 이와 같은 근거를 바탕으로 판단하였고, 그 외 여러 의사와 보건소장에게도 자문을 구하고 판단한 것입니다.

문 시장·군수 등은 강제 입원을 하기 위해서는 어떤 절차가 필요한가요?

답 통상 보호자가 없거나 보호자의 보호를 받을 수 없는 상황에서 주변에서 대상자가 수시로 자해하거나 타인에게 해할 우려가 있을 때 강제 입원 의뢰가 들어오면 정신보건센터 정신과 전문의가 직접 대상자를 대면하여 대상자 정신 상태를 진단하고 정신과 전문의(정신보건센터)가 강제 입원 대상이 된다고 판단하면 시장·군수 등에 의한 강제 입원에 필요한 행정 절차(서류 등)를 위해 보건소에 의뢰를 합니다.

문 강제 입원에 필요한 서류는 각각 어떤 것이 있나요?

답 보건소장 직인이 찍힌 '강제 입원명령서'가 있습니다.

문 그 외에는 없나요?

답 실무자들이 서류를 작성하는데 보건소장 직인을 찍고 집행하는 '강제 입원명령서'가 가장 중요하다고 봅니다.

문 2012년 5월 2일경 진술인을 대신하여 온 이형선[48] 분당보건소장은 어떻게 하였나요?

답 계속하여 강제 입원에 대한 지시를 받았지만, 결국 이형선 소장도 강제 입원을 하지 못했습니다.

제가 인수인계를 하면서 강제 입원에 해당하지 않는다고 수차례 알려 주었지만, 발령 난 이후(저에게) 계속해서 강제 입원에 대한 자문을 구했습니다.

그리고 보건소에서 강제 입원에 필요한 기안을 하였고, '강제 입원명령서'가 나왔는데 집행하지 못한 것으로 알고 있습니다.

---

48 그는 이재명에게 자신이 이재선을 강제 입원시킬 수 있다고 하고, 수정보건소장에서 분당보건소장으로 영전했다고 한다(유동규의 증언).

문	'강제 입원명령장'이 나온 사실을 구체적으로 진술하세요.
답	제가 알기로는 2012년 7월경 분당차병원에 진단의뢰를 하였고 2012년 8월경 진단서를 받았으며, 이를 바탕으로 '강제 입원명령서' 등 강제 입원에 필요한 기안이 완료된 것으로 알고 있습니다. 그런데 이렇게 강제 입원에 명령서가 나왔음에도 집행하지 못하고 있던 찰나에 이형선 소장이 강제 입원에 부담을 느껴 결국 집행하지 못한 것으로 알고 있습니다.
문	그럼 당시 이재선의 강제 입원에 필요한 서류가 보관 중인가요?
답	예, 있는 것으로 알고 있습니다.
문	강제 입원에 필요한 서류는 어디에 있나요?
답	정신보건센터에 '강제 입원명령서'가 있을 것이고, 분당보건소에는 차병원에 의뢰한 '진단의뢰서', '회신받은 진단서', '강제 입원명령서' 등이 있을 것입니다.
문	진술을 정리하면 참고인은 성남시장 이재명 및 그 측근들로부터 이재선의 강제 입원 방법에 대한 지시를 받아 검토하였으나 강제 입원 사유가 안 되기에 그 의사를 충분히 전달하였고, 그럼에도 계속되는 지시에 못 이겨 스스로 다른 보건소로 발령을 구두신청하였고, 새로 온 보건소장 이형선이 계속해서 강제 입원을 시도하였지만, 최종적으로 강제집행명령장이 나왔음에도 이재선의 강제 입원은 이루어지지 않았다는 것인가요?
문	예, 맞습니다.
답	2012년 8월경 이형선(분당보건소장)이 강제 입원을 위해 차병원에

진단의뢰를 하였다고 했는데 정신보건센터장을 통해서 진단을 받을 수 없는 상황이었나요?

문 당연합니다. 정신보건센터는 성남시에서 위탁을 받은 곳이기 때문에 제가 분당보건소에 있을 때의 입장과 동일하게 강제 입원 불가 입장이었습니다. 그래서 다른 방법을 찾아보기 위해 분당 차병원에 의뢰한 것으로 알고 있고, 그 진단서에는 '자해 및 타인을 해할 우려가 있다고 사료된다'라고 하였기 때문에 '강제 입원 명령서'가 나온 것으로 알고 있습니다.

문 참고인은 이재선의 '강제 입원진단서'를 직접 보았나요?

답 저는 보지 못했지만, 같이 근무하던 김인숙 과장으로부터 전해 들었습니다. 하지만 2012년 8월경 이형선 소장이 더 이상 못하겠다는 의사를 표현했고, 김인숙 과장 또한 더 이상 집행하지 못하겠다고 하여 태평동장으로 발령 난 것으로 알고 있습니다.

문 진술인은 2012년 5월 2일 자로 수정보건소로 갔다가 2013년 5월 2일 자 즉, 1년 만에 다시 분당보건소장으로 발령을 받았는데 그 이유는요?

답 이형선 소장도 강제 입원을 시키지 못하니 문책성 인사로 발령 난 것이고, 2013년 5월 2일 정기인사철에는 이재선의 강제 입원에 대하여 더 이상 진행할 수 없는 실정이기 때문에 원래대로 제가 복귀한 것입니다.

문 왜 중원보건소장 최대식은 이재선의 강제 입원에서 빠진 것인가요?

답 제가 알기로는 이재명 시장이 최대식을 별로 좋아하지 않았던 것으로 알고 있습니다. 제 추측입니다.

문 참고인이 2013년 5월 2일경 다시 분당보건소장으로 발령을 받고 왔을 때는 강제 입원에 대한 지시가 없었나요?

답 없었습니다.

문 참고인이 2015년 11월경 하남시 보건소로 이동한 이유는요?

답 2015년 6월경 전국적으로 메르스 사태가 발생하였고, 제가 당시 중원보건소장으로 있었을 때 중원구에도 메르스 환자가 발생하였습니다. 그 후 각종 감사를 통해 직원의 절차상 작은 실수를 발견하고 이에 대한 책임을 지라고 하였고, 누구인지 기억나지 않지만, 비서실에서 하남보건소장 자리가 비어 있다며 그 자리로 옮길 것을 제안하여 그 제안을 받아들이고 하남시 보건소로 이동한 것입니다.

문 분당이나 수정에서는 메르스 환자가 발생하지 않았나요?

답 모두 발생했습니다.

문 분당보건소나 수정보건소에서는 절차상 하자가 발생하지 않았던 것인가요?

답 절차상 하자를 따지기보다 당시 워낙 전국적으로 시끄러웠는데, 중원구 환자의 경우 1차 음성 판정이 나왔음에도 스스로 못 믿고 이비인후과를 찾아갔고, 2차에서 양성 판정이 나왔는데 이러한 과정에서 관리에 대한 실수가 있었다고 지적한 것입니다. 분당이나 수정의 경우 메르스 환자가 있었지만, 이런 실수가 있다고 하진 않았습니다. 사실 제 생각에는 실수라고 생각하지 않고 나름대로 관리를 잘했다고 봅니다.

문   현재 고발 요지를 보면 2012년경 이재명 시장이 자신의 친형 이재선을 정신병원에 입원시키려 하였다는 내용인데, 2011년 5월 1일에서 2012년 5월 1일까지 정신건강 보건 업무를 총괄하는 분당구보건소장의 입장에서 이러한 고발 요지에 대한 견해 및 이러한 의혹이 생기는 이유는 무엇이라고 생각하나요?

답   저는 성남시장으로부터 이재선의 강제 입원에 대한 지시를 받은 당사자로서 그 지시는 부당하다고 판단하여 거부한 것이 전부입니다.

문   이상 진술이 사실인가요

답   예, 사실입니다.

강제 입원시킬 1000가지 이유

위 구성수의 진술 내용을 미리 소개하고 가는 이유는 '날짜'와 나중에 구성수가 검찰에 가서 진술하는 '내용의 중요성' 때문이다. 2012년에 발생했던 이재선의 강제 입원 사건이 2018년 7월에서야 수사를 했는데 수사하면 할수록 이재명의 악마 본성이 드러나는 것에 치가 떨렸다. 그것도 모르고 일방적으로 당했던 사람의 고통은 어떠했을지 가늠할 수가 없다. 더구나 이재명의 죄가 인정돼 2심에서 300만 원의 벌금을 선고받은 사건이 대법원에서 '무죄' 판결이 났다는 걸 누가 수긍할 수 있을까. '이재명의 만행이 다 드러났다, 그렇지만 무죄다' 이런 건가.

아무튼 위 내용을 알 리 없던 당시의 이재선으로선 김 모 기자가 꾸민 말이라고 생각하진 않았지만 그렇다고 그대로 믿을 수도 없는 일이었다. '설마 내 동생이…?' 하는 마음에 이재선은 오히려 김 모 기자에게 "이재명이 일을 잘해서 제대로 된 시장이 되게 도와줄 것"을 요청했다. 또 이재선은 김 모 기자에게 이재명의 법대 동기이자 이재명의 사무장을 했던 성남문화재단 이영진 사무국장을 만나서 이재명이 시장직을 잘 수행하도록 도와줄 것도 요청했다. 이영진 사무국장을 만나서 이재선의 부탁을 전하고 돌아오던 김 모 기자는 자꾸만 이명처럼 떠도는 말이 있었다고 한다. '아, 그래도 형님인데 이런 음모가 가능할까?'라는 생각에 눈물까지 났다고 했다.

이재선은 그래도 혹시나 하는 마음으로 수정구의 구성수 보건소장에게 전화했다. 두어 번의 신호 끝에 "안녕하세요, 수정구 보건소장 구성수입니다"라는 말이 들려왔다. 이재선도 "안녕하세요, 이재선 회계사입니다"라고 인사를 했다. 그러자 이재선 회계사라는 소리에 소스라치게 놀란 구 소장이 전화를 끊어 버렸다. 이재선은 순간 '어, 이거 이상하다'라는 생각이 들었다고 한다. 다시 전화했다. 다른 직원이 받았다. 직원은 '소장이 외출 중'이라고 했다.

직원에게 팀장을 바꾸게 했더니 "왜 이런 전화를 바꾸느냐"며 직원을 나무라는 소리가 전화 너머로 흘러나왔다. 이재선은 그제야 진짜로 뭔가 단단히 잘못되고 있다는 걸 감지했다.

이래서는 안 되는 일이었다. 이재선은 음모를 막아야겠다는 생각에 구성수 보건소장 후임으로 온 이형선 분당구 보건소장에게 전화했다. "만약에 나를 정신병원에 강제 입원시키는 음모를 실행하게 되면 당신은 보건소장 자리도 잃고 감옥에 갈 수도 있으니 명심하시오!"라고 했더니 "모르는 일"이라고 했다.

이후 이재선은 구 소장에게 다시 전화를 걸었다. 이전과 마찬가지로 구 소장은 이재선을 확인하자마자 바로 전화를 끊어 버렸다. 잠시 생각에 잠겼던 이재선이 다시 전화를 걸었다. 분당구 이형선 소장에게 전화를 걸어 "만에 하나 나를 정신병원에 강제 입원시키는 날에는 보건소장 자리를 잃게 되거나 구속도 될 수 있다"라고 다시 한번 경고했다. 그러자 그가 격하게 반응했다. "씨팔, 관리 의사 하나면 처넣을 수 있어"라고 했다. 그 말에 놀란 이재선은 방금 그가 했던 말을 다시 확인하려고 했으나 이형선은 '그런 말을 한 적이 없다'고 하며 일방적으로 전화를 끊어 버렸다.

이재선은 구성수 소장과 이형선 소장과의 통화를 한 후에야 전모를 이해할 수 있었다. 백종선의 협박이 없어지고 이재명이 직접 나선 이유가 이재선이 구성수·이형선 소장과 통화했던 사실을 알았기 때문이었을 것이다.

이재명은 열흘 넘게 밤 12시부터 새벽 2시 사이에 이재선에게 전화를 걸었다. 새벽 6시 30분에는 문자를 보냈으며, 7시 30분경에는 전화를 했다. 이재명이 시장에 취임한 날에 이재선이 "이재선이 축하한다", "한 번 할 각오로 열심히 해라", "참모를 잘 써라", "참모는 똑똑하고 '아니오'라고 할 줄 알고, 돈 안 챙기는 사람을 쓰라"는 문자를 보냈을 때도 아무런 연락을 하지 않았던 그였다. 그런 그가 하루에 45통의 전화와 문자를 보냈다.

전화 내용도 공적인 것이 아닌 개인적인 것이었다. 거짓 정보로 이재선을 약을 올리고 흥분하게 만들어 욕설과 실언을 유도하는 내용이었다. 당시 의도를 알 턱이 없었던 이재선으로선 이재명이 내뱉는 말이 사실이 아니었기 때문에 있었던 사실 대로만 대꾸했었는데 이재명은 목록이라도 만들어서 읽는지 했던 말 또 하고, 했던 말 또 묻고를 반복했다. 나중에서야 그것이 이재선을 옭아매려는 덫이었음을 알게 된다. 만약 그때 이재명의 계속된 질문에 이재선이 하나라도 이전과 다른 답을 했을 때는 정신병자이기 때문에 그런 것이라고 몰아가려던 것이었다. 이재명이 읊어대듯이 같은 얘기를 반복한 것으로 봐서 목록을 만들어 질문 공세를 한 듯했다.

실제로 그때의 전화 통화와 이어진 문자 메시지들은 이재명이 이재선을 정신병자로 엮을 증거를 만들기 위한 것으로 드러났다. 이재명 스스로가 이재선과의 전화 통화를 하는 가운데 '이재선이 정신병자라는 증거가 부족해 증거를 만들기 위해 했던 일'이라고 밝혔다. 무서운 일이 아닐 수 없다. 이재명은 그 전부터 꾸준히 자신의 친형을 정신병자로 만들기 위한 증거를 모으고 있었다는 얘기가 되지 않겠는가.

그러니 7년이나 지난 뒤 5000만 원 이야기를 듣고 나와 이재선을 정신병자로 몰아가는 계략에 이용했을 것이다. 가족 간의 사소한 욕설 역시 얼마든지 있을 수 있는 갈등에서 비롯된 것이지 이재선이 미쳐서 그런 것이 아님에도 이재명은 이재선의 어릴 때 일까지 들춰내 욕이란 욕은 죄다 이재선이 미쳐서 한 짓이라고 몰아붙였다.

김혜경 납시오!

그즈음 김혜경은 뜬금없이 숙명여대 앞에서 자취하며 조선일보 공모전에 출품할 그림 그리기에 몰두해 있던 이주영에게 전화했다. "너네 아버지는 미쳤다. 정신병자니까 치료를 받아야 한다. 힘들면 우리에게 와라"는 내용의 일방적인 설득과 동정의 말을 했다. 이주영은 이 무슨 뜬금없는 소리인가 싶으면서도 신중하게 대꾸했다. "저는 학교 부근에서 자취하고 있어서요. 집에 무슨 일이 있는지 잘 알지 못해요. 엄마랑 통화해 보겠습니다"라며 통화를 끝냈다.

이주영은 곧바로 엄마 박인복에게 전화를 걸었고, 박인복은 일련의 일들을 설명하면서 걱정이 한가득할 딸 이주영을 안심시켜 주었다. "너는 학교생활만 잘하면 돼. 엄마 아빠 걱정은 하지 말고 공모전 그림만 잘 그리면 돼"라고 했다.

　박인복에게 자초지종을 들은 이주영은 마음을 가다듬었다. 생각하고 또 생각해도 이해가 되지 않는 이재명 부부였다. 화가 나기도 했다. 서로의 생각이 다르면 관계를 끊으면 되는 것이지 왜 강제 입원을 시키려 하는 것인가 싶었다. 그러고는 김혜경에게 문자 메시지를 보냈다.

　　논리적으로 하시고 일 잘하시면 되는 거 아닌가요? 허위사실을 유포하지 마세요.

　그날 이주영의 문자는 김혜경을 흥분하게 만들었고, 며칠 뒤 결국 그 모든 것이 이재명 부부의 음모였음을 고백하는 계기가 된다.

　이후 김혜경의 시아주버니 이재선 회계사를 정신병원에 강제 입원시키기 위한 도발자 활약은 그야말로 눈부셨다.

**국졸로 23세에 사법시험 합격한 이재명,
《경인일보》, 1986.**

이재명 주변에 사람이 몰려 든 이유 중의 하나는 그럴듯
한, 라이프 스토리가 있어서다. 그렇지만 그가 어려운 가
정환경이 아니었음에도 국졸인 점은 미스터리다. 숨길 게
많은 사람은 위험하다.

악마의
지도

"내가 여태까지 니네 아빠
강제 입원, 내가 말렸거든.
니네 작은 아빠 하는 거!
너, 너 때문인 줄 알아라. 알았어?"

_김혜경

누구든 깔아뭉개야 하는

참을 수 없는 고통의 나날이었다. 김 모 기자가 전한 이재명의 음모는 다만 음모로 그치지 않았다. 실제로 이재명이 직접 나서서 7년 전의 일은 물론, 수십 년 전 얘기까지 꺼내며 밤낮으로 이재선에 대한 생트집과 폭언을 이어 갔다. 꼬투리를 잡기 위해서였다.

"정신병원에 입원해라", "(정신병) 약 먹어라"라는 등의 괴롭힘을 잠시라도 피해 이재선·박인복 부부는 멀리 떠날 여행을 준비했다. 목적지는 중국 시안. 다행히 종합소득세 신고 기간도 끝난 시점이었다. 2012년 6월 2일에서 6월 5일까지 3박 4일간 세무회계 사무실 직원들과 이재선·박인복 부부 등 6명은 여행을 다녀왔다.

여행을 마치고 귀국하던 2012년 6월 5일 화요일 오전 11시경 이재선의 휴대 전화가 몽니를 부렸다. 김혜경이었다. 이재선은 잠시 망설이다가 즉시 기능을 스피커폰으로 돌렸다. 김혜경은 "요즘 벌어진 일로 만나 뵙고 싶습니다"라고 했으나 이재선은 이를 거절했다. 그러자 김혜경이 예전 일을 사과하면서 만날 것을 간곡하게 요청했다. 이재선이 다시 김혜경의 요청을 거절하려 하자 옆에서 듣고 있던 박인복이 고개를 끄덕였다. "요즈음 일어나는 일들이 이상하니까 동서를 만나서 얘기를 들어보는 게 좋겠어요"라고 하여 그날 저녁 7시경 용인시 수지구 신봉동 소재 '문향'이라는 찻집에서 만날 약속을 했다.

이재선과 박인복, 그리고 김혜경. 세 사람은 찻집에서 마주 앉았다. 김혜경은 자신의 휴대 전화를 테이블 위에 엎어 놓으며 자리에 앉았다. 이를 본 박인복이 "서로 녹음하는 거 하지 말고 진지하게 얘기해보자"고 말했더니 김혜경은 "네, 그래요. 녹음 같은 거 하지 말아요"라고 맞장구쳤다.

"백종선이 우리를 괴롭히고 동호 아빠(이재명)도 평소 안 하던 전화를 밤낮으로 해서 '약 먹으라' 하니, 이게 대체 무슨 일이야. 동서는 백종선 수행비서 잘 알아?"

먼저 입을 뗀 사람은 박인복이었다.

> **김혜경** 수행비서까지 제가 어떻게 알겠어요? 동호 아빠 정치하는 걸 제가 힘들어하는 거, 형님도 아시지 않습니까?"

김혜경은 박인복의 말에 반문했다. 그리고 이재선은 이재명이 구속[49]될지도 모른다는 말을 하자 예민하게 반응했다.

> **김혜경** 저는 동호 아빠와 이혼할 각오가 되어 있어요. 어쩌겠어요. 동호 아빠가 잘못이 있어서 구속되면 사식이라도 넣어주면서 살아야지 어떻게 하겠습니까? 그런데 김부선에 대한 댓글을 아주버님이 쓰셨습니까?

---

49 이재선은 이재명이 범죄를 많이 저질렀다고 판단한 것으로 추정.

김혜경이 이재선을 보며 물었다. 이재선이 김부선에 관한 댓글을 써 본 적이 없다고 하자, 김혜경은 갑자기 울기 시작하더니 사정하듯 말했다.

김혜경　그럼 그렇지요. 아주버님이 그런 글을 쓰실 분이 아니라는 걸 알고 있었습니다. 그러니 성남시 홈페이지에 비판 글을 안 쓰시면 안 되겠습니까?

이재선　요새 글, 안 쓰고 있습니다. 제발 백종선이가 우리를 괴롭히지나 않게 해 주세요. 이재명이 엉뚱한 전화로 사람 화나게도 하지 말게 하고요.

이재선의 말이 끝나자마자 박인복은 그동안 백종선이 괴롭히고 협박한 내용을 김혜경에게 상세히 설명했다. 그리고 덧붙였다.

박인복　얼마 전에 어떤 기자가 주영 아빠를 찾아와서 '이재명 시장이 당신을 정신병원에 강제 입원시키려고 한다'는 얘기를 전해 주며 정황을 상세하게 설명했는데 우리는 터무니없는 얘기라고 일축했어. 혹시나 싶어 구성수 보건소장이 다른 데로 갔기에 확인하려고 전화를 했지. 그런데 전화하면 전화를 뚝 끊어 버리는 거야. 새로 부임해 온 이형선 보건소장은 주영 아빠에게 전화를 해서는 이것저것 묻기도 하고 만나자고도 하고, 물어볼 일이 있다고 하면서. 이거 이상한 거 아니야? 동호 아빠는 또 생전 안 하던 전화로 밤낮 우리를 힘들게 해, 그걸 알고 있어?

김혜경　동호 아빠가 하는 일은 잘 모릅니다. 말도 안 되는 얘깁니다.

김혜경은 이재명의 일을 아무것도 모른다는 듯이 말했다. 하지만 김혜경의 말은 모두 거짓말이었다. 아무것도 모른다던 김혜경은 불과 며칠 전, 이주영에게 전화를 걸어 이재선을 정신병원에 입원시켜야 한다고 했었다.

얼마나 시간이 흘렀을까. 분위기가 나쁘지 않았고 서로 오해한 것을 풀어 마음이 누그러졌다고 생각될 무렵, 박인복은 김혜경을 보며 말했다. "동호 엄마는 동호 아빠 시장 일 잘 도와줘. 나는 우리 신랑이 절대 비판 글 안 쓰게 할게. 예전처럼 각자 위치에서 맡은 일 잘하면서 살자"고 했고, 김혜경도 "그렇게 합시다"라며 동의했다.

그때였다. 이재선이 화장실을 간다고 자리에서 일어났다. 그러면서 푸념처럼 "내가 나온 구멍을 칼로 쑤시고 싶은 기분~~~"이라며 비명 같은 독백을 했다. 그 말에 깜짝 놀란 박인복은 이재선을 툭 치며 "말도 안 되는 소리 하지 말라"고 일갈했다. 이재선은 서둘러 화장실로 갔고, 화장실에서 돌아온 뒤에는 웃으면서 김혜경과 헤어졌다. 3시간을 만나 이야기하고 악수까지 한 뒤였다.

덫

　　　　　　　　　"니가 인간이냐? 너는 정신병자다. 정신병자가 아니면 어떻게 그런 말을 하지?"

그날 한밤중에 이재명은 또다시 이재선에게 전화를 걸어 저주에 가까운 욕설을 퍼부었다.

"뭐~ 엄마를 어떻게 한다고?"

"제수씨가 그렇게 전하드냐? 우리랑 3시간이나 얘기하면서 각자 잘 지내자며, 남편에게 잘 전달하겠다고 약속하고 갔는데, 이런 전화를 지금 하는 이유가 뭐냐?"

이재선으로선 황당할 수밖에 없었다. 녹음하지 않기로 했었는데 김혜경은 휴대 전화를 엎어 놓으며 녹음을 했던 모양이다. 녹음 내용을 듣지 않고서야 이재명이 그럴 이유가 없었다. 쌍욕과 험담을 마구 퍼부었다. 김혜경과 헤어지며 화해를 했다고 여긴 이재선으로선 다시 또 날벼락을 맞은 듯했다. 경황이 없어 미처 이재명의 쌍욕을 녹음조차 하지 못했다.

이재명은 이재선을 정신병자라고 낙인찍기 시작했다. 밤낮은 물론 휴일을 가리지 않고 심지어는 근무 시간에도 전화하고 문자를 보내 더욱더 노골적이고 극렬한 도발을 일삼았다.

이재선·박인복 부부가 중국 여행을 하고 있던 2012년 6월 4일 저녁 11시경에도 이재명은 이재선의 집으로 전화했다. 집에서 혼자 인터넷 강의를 들으며 공부하고 있던 고3 아들 이성호가 전화를 받자 이재명은 이재선·박인복 부부를 찾았다. "나가셔서 집에 안 계십니다"라고 했더니, 이재명은 "지금 시간에 집에 있을 텐데 왜 안 바꿔 주느냐?"며 세 번을 반복해 물었다. 마치 이성호가 거짓말을 하고 있다는 말투였다. 참다못한 이성호는 "지금 집에 안 계신다고요"라며 퉁명스럽게 대답했다. 그러자 이재명은 "어른한테 말하는 태도가 그게 뭐냐?"며 나무랐고, 이성호는 이재명이 그즈음 부모님께 자주 전화해 소란 피운 일이 생각나서 "죄송합니다. 집에 전화하지 마세요"라며 전화를 끊어 버렸다.

귀국하던 날 아들 이성호로부터 자초지종을 들은 박인복은 그 다음 날로 집 전화번호를 바꿔 버렸다. 공개 금지 요청도 함께했다.

같은 날, 김혜경은 며칠 전 이주영으로부터 받은 문자를 뒤늦게 확인하고 오전 7시 30분경 이주영에게 전화했다. 밤새 그림을 그리다가 잠자리에든 지 2시간이 조금 지난 이른 시간이었다. 이주영은 그날 울리는 전화기의 발신자를 확인하고 녹음하며 통화를 했다. 이주영으로선 김혜경이 하는 행동이 어른답지 못하다고 여겼던 터라 대화 중에 김혜경을 어른이 아니라고 말해 버렸다. 그러자 김혜경은 이주영을 향해 몹시 흥분하고 욕설까지 퍼부으며 다음과 같은 판도라 상자를 열어젖혔다.

내가 여태까지 니네 아빠 강제 입원, 내가 말렸거든. 니네 작은 아빠 하는 거! 너, 너 때문인 줄 알아라. 알았어?[50]

---

50 2012년 6월 6일 오전 7시 30분경, 김혜경이 이재선 씨의 딸에게 전화를 걸어 말했던 내용 녹취.

이재명이 이재선을 정신병원에 강제 입원시키려고 하고 있고, 그것을 김혜경이 말리고 있었는데 더는 말리지 않겠다는 내용을 김혜경은 자신도 모르게 실토하면서 그 음모가 확실하게 드러난 것이다. 이주영은 그 녹음 파일을 이재선·박인복 부부에게 보냈다.

이재선·박인복 부부는 이주영이 보내준 녹음 파일을 듣고는 이재명의 음모를 확신했다. 이재선은 맨 처음 이 사실을 귀띔한 김 모 기자에게 전화했다. 김혜경이 이주영에게 전화해 자신에 대한 정신병원 강제 입원 음모 사실을 실토했다는 것을 알렸다. 그 사실을 전해 들은 김 모 기자가 이재선의 사무실로 달려왔다.

이주영과 김혜경 사이의 통화 녹음을 이재선 부부와 함께 들어 본 김 모 기자가 조심스레 입을 뗐다.

"앞으로 몸조심하는 게 좋겠습니다."

며칠 후, 이재선은 김 모 기자 말대로 세무회계 사무실에 CCTV를 설치했다. 안에서 신원을 확인한 후 사무실 문을 열 수 있게 출입문에도 자동잠금장치를 설치했다. 혹시나 이재명이 보낸 사람에 의해 끌려가 정신병원에 강제로 입원당하지 않기 위해서였다.

2012년 6월 7일. 이재선, 박인복, 김 모 기자가 세무회계 사무실에 함께 있는데 이재선의 휴대 전화가 울렸다. 이재명이었다. 그

때 박인복은 이재선으로부터 휴대 전화를 건네받았다. 강제 입원시킬 음모가 드러났으니 이재명에게 다시 한번 확인하고 그러려는 이유를 들어볼 생각으로 녹음하며 통화했다. 그때의 통화 내용이 시중에 유포된 '형수에게 쌍욕하는 이재명' 파일이다.

사실 이재선 부부가 이재명과 통화 내용을 녹음하고 그간 이재명과 주고받은 문자 메시지들을 수집한 것은 이재선이 정신병원에 감금되지 않기 위한 방어 차원이었다. 이재명과의 갈등을 세상에 알린 것도 스스로를 보호하기 위한 것이었다. '이재명이 자신을 비판하는 형을 정신병원에 입원시키려 한다'는 음모를 감지한 이상, 이재선으로선 그것을 주변에 알리는 길밖에 달리 방법이 없다고 여겼을 것이다. 세간엔 이재선·박인복 부부가 의도적으로 이재명과의 통화 내용을 세상에 전했다고 알려졌지만, 사실과 다르다.

일개 회계사와 성남시장의 싸움이었다. 누가 봐도 안 되는 싸움이지 않는가. 이재선은 아무런 힘도 없고 보호막이 되어 줄 사람도 없었다. 온갖 수단과 방법을 가리지 않고 공격하는 이재명에게 맞서 회계사인 이재선이 할 수 있는 일이라곤 방어밖에 없었다. 권력자의 부당한 권력 행사에 저항하기 위한 일종의 방편이었다. 그러니 이재명이 주장하는 대로 '형 이재선이 동생 이재명을 공격하기 위해 녹음했다'라는 인식은 잘못된 것이다.

이미 이재명은 이재선을 정신병원에 감금하기 위해 온갖 악행을 자행했다. 심지어 '이재선이 2002년경부터 경기도 용인 모某 병원에서 정신과 관련 약을 처방받은 적이 있었다'는 식의 이야기를 흘렸지만, 그것은 사실이 아니란 보도가 있었다. 재판 과정에서 해당 병원 전문의가 재판에 출석해 '이재선 씨에게 처방한 건 정신과 약(조증약)이 아닌 수면제였다'고 증언했다. 무엇보다 해당 병원에서 이재선이 진료받은 기록이 없다는 사실이 언론 보도를 통해 확인됐다.

어쨌든 이재선·박인복 부부는 이재명과 박인복의 통화 내용이 세상에 알려지면서 2012년 7월 15일까지 이재명의 전화를 수신 거부하고 일절 받지 않았다. 통화하며 다른 빌미를 줄 것을 염려해서였다. 혹시라도 있을 불상사(강제 입원)를 피하는 게 좋겠다는 생각에 이재선은 2012년 6월 하순경 경남 남해 쪽으로 여행을 떠났다. 박인복의 생각이었다.

아닌 게 아니라 이재명과 김혜경은 전화를 받지 않는 이재선·박인복 부부 휴대 전화로 문자를 폭탄처럼 날렸다.

차도 살인 1

이재명이 이재선에게 날린 문자

 2012.6.5 (화) 아침 7:44 자유인? 기인이라고? 패륜, 탈세, 명예훼손, 공갈, 협박, 폭행 밥 먹듯이 하면서?

2012.6.13 (수) 오후 2:30 형님. 딴사람한테 내가 욕하더라며 녹음 들려주셨군요^^ 잘 하셨어요. 덕분에 해명한다고 저도 형님이 욕한 거, 이상한 소리 한 거 들려주고, 어머니에게 한 패륜행위, 지금까지 일어난 탈세, 폭언, 협박, 특혜 불륜 등등 다 얘기해 줄 수 있었네요^^ 아예 기자회견 하든지 인터넷에 시장이 욕하더라고 공개 좀 하셔요. 저도 해명 겸해서 할 말 좀 공개적으로 하고 칼 운운, 뒈져라. 불질러 어쩌고 한 형님 녹음 공개 좀 하게요. 제가 먼저 할 수는 없잖아요?

오후 2:31 녹음을 들려준 것이 아니라 녹음파일을 보냈군요. 참 잘 하였어요. 그 파일은 흘러 흘러 다니다가 결국 언젠가 날 공격하기 위해 공개될 것이고 그게 공개되는 날 나는 왜 그랬는지를 설명하기 위해 형님의 존속협박, 패륜, 불륜, 탈세, 특혜, 공갈, 이권개입, 폭력, 욕설, 명예훼손, 업무방해, 공무집행방해, 선거법위반 그리고 특히 정신병 행적까지 다 만천하에 드러나게 할 수밖에 없겠지요. 나는 욕쟁이 시장으로 망신 한 번 당하고 말겠지만 형님은 그 비정상인 행태와 정신병이 만천하에 확인되게 되겠지요.그 잘된다는 회계사 영업은 어떻게 될까요? 기자회견과 언론보도를 통해 고객들이 형님의 이런 정신 나간 행동을 알게 되면 어떻게 될까? 열등감과 시기심 질투심, 급기야 증오심으로 제 가슴속에 지옥불을 만들어 그 불에 스스로 타들어가 서서히 고통 속에 죽어가는 불쌍한 존재… 자비와 애정이란 눈곱만큼도 없이 남의 고통에 무감각한 싸이코패스. 모든 문제 원인.

2012.6.20 (수) 아침 8:34 정신병자 하고 상대하기 싫다.

저녁 8:15 돈에 미쳐 부모도 몰라보고 죽인다고 협박하는 천하의 몹쓸… 이런 인간이 미치지 않았다고?

저녁 8:47 자기 입으로 약 먹은 거 인정해 놓구서…
정신분열까지 가기 전에 조울증 상태서 약 드셔요.

저녁 9:28 약 드셔. 더 심해지기 전에… ㅉㅉㅉ

저녁 9:30 이것 저것 베끼고 편집한 걸 글이랍시고…
그래서 미쳤다고 하는 거요^^

저녁 9:32 미치광이에게 뭘 빌어?

2012.6.21 (목) 오전 9:04 ㅂㅅ ㅉㅉ 또 발작이네

오전 9:09 약이나 드세요 조울증 환자님^^

오전 9:17 개가 사람 보고 짖는 이유는 사람이 무서워
서지. 그냥 물어 짖지 말고. 칼로 어딜 쑤셔? 개잡년놈들

오전 9:18 그냥 해 이 정신병자야 경고만 하지 말고…

오전 9:32(추정) 이제 미친 짓 그만하고 주무시우^^
채우지 못할 욕망 때문에 짧은인생 망치지 말고..

오전 9:39 쯔쯔 약 먹으면 금방 좋아지는데.

 오전 9:41 니가 한 짓이 소설 같지? 소설에나 나올 짓을 하고 있어서 정신병인거요

 오전 9:54 그만 약 드시고 주무세요^^

김혜경이 박인복에게 날린 문자

 2012.6.22 (금) 오전 7:48 또 알리세요~ 이미 증세 위중 하신 거 대부분 다 아닙니다. 산골에 환자를 혼자 덜렁 덜렁 만나러 갈 어리석은 사람 아닙니다. 남들도 생각 있고 아주버님만큼은 못해도 책도 읽는 답니다*^ ^*제발 치

 오전 7:51 그렇게 과대망상과 피해망상으로 아까운 인생 허비하지 마세요. 남의 인생에도 끼어 들지 마시고요.

 오전 8:51 참지마세요~ 뭐든지! 조울에서 정신분열로 넘어간 것 같아요 아무래도

 오전 8:53 하긴 오래되고 병이 중해서 치료도 사실 쉽지는 않을 거랍니다

오전 8:57 이것보세요~ 또 발작이 시작되었네요

 오전 8:58 해결책 있어요~ 병원가세요

 오전 9:01 이게 싸움이라 아무도 생각하지 않아요. 환자의 증상이지!

 오전 9:11 병원에 가서 치료 받으세요 빨리

 오전 11:45 열심히 하세요. 그럴수록 병세만 악화 되실 테니까요. 전문의도 못믿으실 정도가 되었어요. 식구 모두가. 이 병이 얼마나 무서운 줄 아시면 형님께서

 오전 11:58 왜 진단이 두렵습니까? 숨는다고 피해갈 수는 없어요 이제. 차마 우리가 공개 못하는 걸 스스로 해 주시니…

 오후 12:01 사는 게 사는 게 아니라 하소연 하셨다면서 요? 이 정도면 감추신다고 증상이 감춰지지 않아요! 성남 에서 아주버님 증세가 연구 대상인 거 아세요? 치료 받으 세요

오후 12:06 기도 안 해요! 제가 왜요? 다른 기도할 거 많습니다 형님~ 이런 걸로 힘 뺄 필요 없다 했어요. 참, 그냥 단호하게 치료 받으라는 말만 하는 게 옳은 방법이라 했는데 저두 자꾸 말리네요. 아주버님은 누가 봐도 정상이 아니랍니다.

오후 12:08 원래 환자들이 치료받기 전에는 의사도 고소한다고 길길이 날뛴다네요. 치료하고 나면 고맙다고 한다네요.

오후 12:15 도지사 얘기 나와서 아주버님 증상 악화되시겠어요.

오후 12:16 강제 입원이 무서우세요? 형님도?

오후 12:22 그간에 형님도 아주버님의 증세에 익숙해지신 거라구요.

12:24 사람이 욱해서 뭔 짓인들 못하겠어요? 하지만 자기통제가 안 될 때 그게 병인 거예요. 비유적, 철학적 표현이 아니

오후 12:45 형님! 아주버님 저러시면 폐인되세요~ 인터넷에서 있는 사람들 의식 있는 사람들이예요. 김부선이가 사실이면 이재명 시장 그냥 놔두었을 것 같아요?

오후 01:19 환자랑 시시비비를 따지려 하지 말래요 전문의들이…

 오후 01:21 민원이요? 시청 게시만 보고 정신과 전문의들이 치료를 권하는 건 뭐지요? 그들도 다 정의와 대의를 배반한 구속시켜야 할 빨갱이인지요?

 오후 02:15 아직도 제가 한 거짓말 찾으세요? 치료받게 하세요 형님. 저도 이렇게 심한 줄은 몰랐네요. 형님이 보호자 아닙니까? 방치하지 마세요.

 오후 02:17 참 고운 증세도 많더구만 하필이면 이리 더럽게 미치셨는지요~.

 오후 02:24 지금 시시비비를 따질 때가 아닙니다. 늦어서 사실 치료도 길고 힘들 수 있어요. 이쯤 되면 돈 보다는 남편의 건강을 돌아봐야 하지 않겠어요?

 오후 02:27 저희도 사실 대응에 서툴렀지요. 이 정도로 심한 상태인 줄 몰랐다니까요~ 단순한 조증 증세인 줄 알았다구요

오후 02:41 그러는 동안에 치료시기 지나면 제일 손해 는 형님이지요. 생각해 드리는 거 아닙니다. 그렇다는 거 지요. 일의 처리 순서는 급한 것보다는 중요한 일부터 하 는 게 맞습니다. 저희에 대한 감정은 두 번째란 말입니 다. 먼저 조용히 치료하세요. 가족 치료가 필요하다면 저 희 부부도

 오후 02:47 오죽하면 도련님 병원에서 의사가 먼저 걱 정스럽다면서 치료를 권하겠어요? 제발 피하지만 마세요

 오후 03:04 이게 정치 문제가 아니란 말입니다 형님! 저도 처음엔 긴가민가했지요. 머리도 좋으시고. 그런 것 과 상관없이 오는 증세라구요. 저희도 전문의를 의심했 어요. 의사라고 어떻게 남의 맘과 정신을 판단할까 하구 요… 그럼 그 분야의 전문가는 뭡니까? 그래서 어제 형 님 연락 오셨길래

 오후 03:20 병력 없어도 진단하는데 상관없어요. 이리 증세가 심하신데 저도 진단 바로 나오네요. 기분 나쁘다 생각 마세요. 치료가 먼저입니다.

이재명의 전화 내용과 문자 메시지는 공적인 것이 아니었다. 어 떡하든 이재선을 약을 올려 흥분시켜서는 욕설과 실언을 유도하 고자 한 악랄함, 그 자체였다. 이를 근거로 이재선이 정신병자라 는 판단을 이끌어 내기 위함이었을 것이다.

이재선의 불효를 꾸짖는다면 당연히 어머니 구호명의 몫이지

——————— 굿바이, 범죄꾼

네 살 연하의 이재명이 형에게 할 얘기는 아니었다. 더구나 패륜아를 운운하며 차마 입에 담을 수 없는 욕설까지 하는 것은 있을 수 없는 일이다. 이재명은 자신의 친형을 정신병자로 몰아가기 위한 계략으로 7년 전에 있었던, 가족 간의 사소한 갈등을 악의적으로 그렇게 부풀렸다. 이재선이 미쳐서 한 욕설이라고.

그렇다면 묻고 싶다. 이재명은 자신이 형수 박인복에게 했던 욕설, 말끝마다 달고 사는 천박하기 이를 데 없는 그 욕설은 이재명 논리대로 미치지 않은 사람이 할 소리인가?

* 압제壓制 기술
권력이나 폭력으로 남을 꼼짝
못하게 강제로 누르는 기술.

압제 기술

이처럼 이재명은 백종선과
함께 이재선을 끊임없이
자극했다.
기필코 정신병원에
강제 입원시키려는 듯이.
없던 병이 생기고도 남을
끔찍한 악행들이었다.

어떤 가족의 지옥도

2016년 9월, 영화 '아수라[51]'가 개봉했다. 개봉 당시에는 흥행하지 않았다가 뒤늦게 주목을 받았다. 뒤늦게 주목을 받은 이유는 딱 한 가지다. 당시에는 영화 내용이 현실에선 도저히 일어날 수 없는 불가능한 일들로 자신들의 삶과는 무관하다고 여겼을 것이다. 그렇지만 권력을 가진 사람에게 몰려든, 이익에 눈이 먼 사악한 이들과 권력욕에 사로잡힌 이들의 칼이 된 '혀'와 독이 든 '말'이 누군가에게는 참을 수 없는 고통이 되었기 때문이다.

누구든 희생양이 될 수 있고, 누구든 겪을 수 있는 그 아수라 세상. 그런 세상에 이재선과 그 가족이 떠밀려 있었다.

2012년 7월 15일 일요일 저녁 7시경.

이재선·박인복 부부는 천근이나 되는 무거운 발걸음을 어머니 구호명 집으로 옮겼다. 2012년 5월 중순쯤부터 시작된 이재명, 백종선, 김혜경의 일방적인 폭언 전화와 문자, 그리고 이재선을 정신병원에 강제 입원시키려는 음모를 알게 된 사실을 어머니 구호명에게 알리고 도움받기 위해서였다. 마침 이재선·박인복 부부가 도착했을 때는 어머니 구호명과 함께 여동생 이재옥과 그녀의 남편 곽판주, 그리고 막냇동생 이재문 4명이 앉아서 수박을 먹고 있

---

51   阿修羅, 불교 용어로 팔부 중의 하나. 싸우기를 좋아하는 귀신으로, 항상 제석천과 싸움을 벌인다.

었다.

이재선은 구호명에게 다가가 앉으며 최근 몇 달 사이에 자신에게 일어난 일을 정리한 종이를 꺼냈다.

"어머니, 저에게 이상한 일들이 많이 일어나고 있습니다. 어머니께 알려 드리고 도움받고자 왔습니다."

이재선은 곧바로 고개를 돌려 그 옆의 막냇동생 이재문에게 따지듯 물었다.

"네가 인터넷에 올린 글[52], 내가 정신병이 있어서 치료할 필요성이 있어 둘째 형과 네가 가족회의를 하고 그 글을 썼다는 게 맞냐? 다른 사람이 써 준 글 아니고? 너는 무슨 근거로 그런 글을 써 올렸지?"

그 말에 이재문이 감정 섞인 말을 빠르게 던졌다.

"그래요. 제가 썼어요."

말을 마친 이재문이 자리에서 벌떡 일어났다. 그러고는 다짜고짜 이재선에게 덤벼들었다. 순식간에 벌어진 일이었다. 깜짝 놀란 박인복이 이재선을 끌어안으며 이재문을 막아섰다. 이재옥도 놀라 일어서서 이재문을 붙잡았다. 하지만 힘이 부족해 이재선과 이재문의 몸싸움을 말리지 못했다. 그 사이 곽판주는 잽싸게 구호명과 함께 현관 쪽으로 피했다.

---

52 당시 인터넷을 뜨겁게 달군 일명 이재명의 슬픈 가족사. 이재선의 정신병을 치료하기 위해서 이재선을 정신병원에 입원시켜야 한다는 내용을 담아 이재명 형제들 이름으로 올라와 있었다.

박인복은 이재선을 안방 장롱 앞에 붙이며 서 있었고, 이재옥은 안방 문 앞에서 이재문을 붙잡았다. 이재선과 이재문은 그런 대치 상태에서 몇 차례 고성을 주고받았다. 그때였다. 이재문이 자신을 붙잡고 있던 이재옥의 손을 뿌리치고 득달같이 이재선에게 달려들었다. 달려오던 힘을 이용해 이재선을 안방 침대로 넘어뜨린 이재문은 이내 이재선의 몸 위로 올라탔다. 그러고는 이재선의 왼쪽 엄지손가락을 힘껏 깨물더니 "다시는 형님 안 본다"라며 현관 밖으로 나가 버렸다. 이재옥과 구호명도 그 뒤를 따라 나가 버렸다.

곽판주는 작은 방에 몸을 피하고 문을 잠가 버렸다. 이재선·박인복 부부는 더는 말 상대할 사람이 없다는 사실에 속상해하며 승용차를 타고 집으로 향했다.

칼의 용도

2012년 7월 15일 저녁에 있었던 일은 그게 전부였다.

그런데 승용차를 타고 집으로 향하던 중에 이재선은 이재명으로부터 전화를 받았다. 그전까지는 이재명의 전화를 차단했다가 어머니 집으로 가면서 차단을 해지했다. 이재명은 목소리를 높여 "어머니를 폭행했다"며 심한 욕설을 내뱉었다.

그날 밤, 이재선·박인복 부부가 집에 도착한 시간은 밤 9시

30분경이었다. 이재선이 주차를 하려고 보니 주차장 앞에 경찰차 한 대가 서 있었다. 사복경찰관 3명이 기다리고 있다가 승용차에서 내리던 이재선을 보고는 성큼 다가왔다. "존속폭행 현행범으로 신고가 들어왔다"면서 중원경찰서로 동행을 요구했다. 이재선은 "누가 신고했습니까? 왜, 이 밤에 바로 체포하듯이 데리고 갑니까?"라고 물었지만, 경찰관들은 "경찰서에 가서 얘기합시다"를 반복하며 무조건 동행을 요구했다. 거부할 수 없는 상황이었다.

경찰차가 먼저 출발했다. 그 뒤를 이재선의 승용차가 따라갔다. 차에는 박인복과 방학으로 집에 와 있던 딸 이주영이 동행했다. 중원경찰서로 가던 중 이재선은 이종사촌 형인 서병철에게 전화했다. 자초지종을 들은 서병철이 중원경찰서로 급히 달려왔다.

이재선이 중원경찰서에서 조사를 받고 있을 때였다. 복도를 서성이는 곽판주가 박인복의 눈에 띄었다. 박인복은 그에게 다가가 "이게 무슨 일인지"라고 물었지만, 곽판주는 아무런 대답도 없이 황급히 밖으로 나가 버렸다. 박인복은 그런 곽판주의 뒷모습을 보면서 뭔가 단단히 잘못 돌아간다는 느낌을 떨쳐낼수가 없었다.

새벽 1시가 되도록 이재선의 경찰 조사는 계속되었다. 그때였다. 어떻게 알았는지 이재명의 수행비서 백종선이 이재선과 서병철이 함께 있다는 것을 알고 서병철의 형 서병일에게 전화를 걸었다. "이재선이 완전히 미쳐서 구호명, 이재문, 이재옥에게 칼들고 설치며 찔러서[53] 3명 모두 2주 진단을 받아 이재선이 중원경찰서에서 조사받고 있어. 근데 당신 동생 서병철이 이재선을 도우면 더 길길이 뛰지 않겠어? 동생 서병철을 빨리 집으로 돌려보내야 하지 않겠어?" 하는 내용이었다.

서병일은 즉시 서병철에게 전화해 백종선의 말을 전달했다. 갈수록 태산이었다.

손끝 하나 까딱하지
않아도

구호명의 집에서 이재선에게 먼저 달려든 것은 막냇동생 이재문이었다. 당연히 둘은 몸을 접촉했다. 그렇지만 여동생 이재옥은 이재선과 이재문 사이의 시비를 말리기는 했어도 그 과정에서 이재선은 일부러 이재옥에게 폭행을 가해 상해를 입힌 사실이 없다. 이재문에게도 마찬가지다. 더욱이 이재옥은 이재문의 몸을 잡고 말렸을 뿐 이재선과는 몸을 접촉한 사실조차 없다. 어머니 구호명을 폭행했다? 단 한 번도 몸을 접촉한 사실이 없다.

---

53 당시 이재선·박인복 부부가 어머니 구호명의 집을 방문했을 때는 이재문과 이재옥·곽판주 부부가 어머니 구호명과 함께 수박을 잘라 먹고 있었다. 단순히 몸싸움으로 끝난 일을 수박을 잘라 먹던 칼이 있었던 것으로 미루어 '이재선이 칼 들고 설치며 찔러서'로 둔갑시킨 것으로 짐작된다.

그런데 어떻게 이재명 측에서 이재선을 중원경찰서에 고발할수가 있는가. 더더욱 놀라운 사실은 이재문, 이재옥, 구호명이 상해진단서를 발급받아 경찰에 제출했다는 점이다. 작당하지 않고서야 어떻게 그런 일이 가능한가. 그들은 이재선이 폭행하여 상해를 입힌 것으로 몰아붙였다.

백번 양보해 이재문과 이재옥의 몸에 멍이 들어 상해 사실을일부 수긍한다고 하더라도, 구호명의 상해 내용은 '경추부 염좌상'이었다. 현실적으로 아무런 상해를 입지 않았음에도 병원에가서 목을 삐끗하여 아프다고 하면 진찰 후 주사를 처방받거나약을 처방받을 수 있다. 의사는 거의 예외 없이 '경추부 염좌'로2주 진단을 하고 진단서를 끊어 준다. 작금의 현실이 그러하다.

딜레마가 여기에 있다. 수사 기관에서는 피해자가 '경추부 염좌'라는 진단서를 받아 제출하면 이를 무시하지 못한다. 접촉이없었다는 증거가 명확하지 않고 피해자가 피해 사실을 하소연하면 상해 사실을 꿰맞추곤 하는데, 위 사건 역시 그런 경우라고 확신한다.

이 건으로 결국 이재선은 약식명령을 받았다. 그 과정에서 이재선도 안경테가 부러지고 이재문보다 더 많이 다쳐 치료를 받았다. 이재선은 진단서를 끊거나 고소하지 않았다.

이재선은 법이나 절차를 잘 모르는 것도 있었지만 위의 내용이포함된 약식명령에 적극적으로 정식 재판을 청구하지 않았다. 아니 못했다. 당시 여러 가지로 몹시 지쳐 있었다. 그대로 확정되게 내버려 둔 것은 복합적인 부분이 있었다. 그 기재 내용을 사실로 인정해 다투지 않은 것은 아니었다.

리모컨으로
조종당하듯

2012년 7월 16일 새벽 1시가 넘어서야 이재선은 경찰 조사를 마쳤다. 중원경찰서를 나온 네 사람은 근처 치킨집에 들어갔다. 막 자리를 잡고 앉는데 박인복의 휴대전화가 울렸다. 이재명이었다. 이재명은 박인복이 전화를 받자마자 욕을 하기 시작했다. "조사받고 가냐, 이 나쁜 년아!"라고 시작된 쌍욕은 두 번이나 전화를 걸어서 할 만큼 버라이어티했다. 이재선이 조사를 마친 사실까지 아는 거로 보아 이재명과 경찰은 서로 내통한 것이리라.

여기서 잠깐, 당시 나의 기억을 소환하면 2012년 7월 15일에 이재선이 중원경찰서에서 조사받고 나온 지 얼마쯤 지나서였다. 나는 당시 중원경찰서장으로 있던 박형준과 함께 식사를 같이한 적이 있다. 식사 자리의 소재는 당연히 이재명이었다.

그때 박형준 서장이 했던 말은 이런 뉘앙스였다. "이재명이가 형을 정신병원에 강제로 입원시켜 달라고 했는데 그걸 내가 어찌 돕습니까"라는. 권력자의 부탁이 있었지만 나름대로 정의 차원에서 거절했다는 것을 말하려는 듯했다. 그렇지만 그날 이재선을 임의동행 식으로 강제로 연행해 조사했던 것은 어떤 쪽으로든 이재명의 손아귀를 벗어날 수 없었던 그의 현실이기도 했다.

이재선이 중원경찰서에서 조사받고 나온 이틀 후인 2012년 7월 18일, 수내역 블록인 성남시 분당구 수내1동 소재 '元복집' 앞 가로수에 큼지막하게 내걸린 현수막이 그 현실을 잘 말해 주고 있다. 성사모[54] 명칭이 크게 박힌 현수막이었다.

홀로된 팔순 노모에게 폭언과 폭행을 자행한 공인회계사
이재선의 패륜적인 행동을 규탄한다.

10여 일이 지났을 무렵, 현수막 문구가 바뀌었다.

팔순 노모에게 욕설과 폭행을 자행하는 이재선(공인회계사)의
패륜적 행동에 시민들은 분노한다!

그곳은 이재선의 세무회계 사무소가 있던 분당구 수내1동과 같은 길목으로 연결되어 있었고, 불과 300~400m 떨어진 곳이었다. 그뿐만 아니었다. '성사모'라는 단체는 그 이전인 2012년 6월, '이재선 회계사의 실체를 알립니다!!'라는 제목의 유인물을 배포하

---

54   성남을 사랑하는 모임.

기도 했다.

현재 이재선 회계사는 중증의 조울증, 과대망상증, 관계망상증, 피해망상증 등이 의심되어 빠른 치료가 필요해 보입니다."

이재명은 거기에서 그치지 않았다. 2012년 7월 15일 어머니 구호명 집에서의 일을 주된 원인으로 하여 법무법인 '새길'의 이현용·이병일·이헌제·박소형 변호사를 어머니 구호명의 신청대리인으로 내세워 이재선을 상대로 다음과 같이 가정폭력처벌법상 임시처분 및 보호처분을 신청했다.

1. 이재선은 구호명의 의사에 반하여 구호명에게 100m 이내로 접근하여서는 아니 된다.

2. 이재선은 구호명의 주거 및 직장, 사생활 등 모든 생활 영역에서 면담을 요구하거나, 전화를 걸거나, 팩스를 보내는 등의 방법으로 그 평온한 생활 및 업무를 방해하여서는 아니 된다.

3. 이재선을 의료기관에 치료 위탁한다.

그렇지만 성남법원에서는 2012년 7월 20일, "이재선에게 2012년 9월 19일까지 구호명의 주거(성남시 중원구 성남동 현대아파트)에서

100m 이내의 접근 금지를 명한다"라는 주문의 임시조치결정만
내렸다.

아무것도 아니었던 일을 부풀려서 이처럼 일사천리로 진행했
던 것은 우연일 수 없다. 이재선에게 잠시도 쉴 틈을 주지 않고 몰
아붙였던 것은 물리적인 힘이 작용했기에 가능했다.

그리고 2012년 8월쯤, 소속 불명 10여 명의 사람들이 서울 서대
문구 충정로2가 185-10에 있는 '한국공인회계사회' 정문에서 "노
모를 폭행한 이재선 회계사를 규탄한다"라는 구호를 외치며 소란
을 피웠다. 그들의 손엔 북과 꽹과리가 쥐어져 있었다. 공인회계
사회 측에 의하면 전무후무한 일이라고 했다.

인터넷 환경도 예외가 아니었다. 이재명 패거리들로 득실거렸
다. 공격적이고 자극적인 거짓 댓글을 끊임없이 올렸다.

> 용인 사는 어느 저능아와 인뽕이의 멘붕스쿨 (1) - 그럼 니가 팬
> 80 노모와 형제들의 인격은 뭐냐? 너한테 욕 쳐묵고 고통 받고
> 있지만 반장동생 때문에 말도 못하는 성남반 친구들의 인격은 뭐
> 냐? (https://m.blog.naver.com/cleannet95/130146095105)

> 용인 사는 어느 저능아와 인뽕이 멘붕스쿨 (4) - 저능아야~ 니가
> 한 짓거리의 1/10도 안된다. 넌 붕어 대가리냐? 돌아서면 잊어버
> 리게~~ 그리고 그 글 남아있으면 넌 삐뽀삐뽀야~~ 어떻게든 그
> 것만은 막아보자는 니 동생반장의 마지막 배려야~~ 에효 내가 미

이 모든 일이 우연일까? 시장인 이재명이 배후에서 조종하지 않고는 어떻게 가능한 일이겠는가. 자신에게 바른 소리, 쓴소리 한다는 이유로 자신이 가진 공권력을 이용해 온갖 악행을 일삼았던 이재명. 이재선은 그런 이재명의 악행에 극심한 스트레스에 시달렸다. 참기 힘든 고통을 겨우겨우 견디던 그가 가장 힘들어했던 것은 어머니에 대한 누명이다. 웬만한 시련 앞에서는 미동도 하지 않던 그가 그 일로 충격을 받은 듯했다. 보다 못한 박인복은 그런 환경에서 잠시라도 벗어나게 하려고 해외여행을 권유했다. 2012년 8월 2일에서 2012년 8월 9일까지 딸 이주영과 함께 베트남을 다녀오게 했다. 이후 2012년 9월에는 이재선 혼자 보름여를 베트남 여행을 다녀오게 했다.

이재명은 이재선이 해외에 머물 동안이나 그 전후로도 계속해 문자 폭탄을 날렸다. 백종선과 함께 날렸다.

차도 살인 2

이재명이 이재선에게 날린 문자

2012.7. 16. (월) 오후 10:54 의회난동 경찰연행, 교회협박 경찰출동, 어머니폭행 경찰체포… 연일 형님 이름이 언론에 나는군요. 축하해요^^ 유명해지고 싶어 안달하셨으니 소원을 이루셨네ㅋㅋ

또 먼가 사고를 쳐서 언론에 나겠지만 이제 거의 끝까지 온 것 같네요. 그간 쫒아다니느라 수고 많이하셨수^^ 별소득도 없이 망가지고 깨지시느라..ㅋ

형님이 말씀하신 것 중에 어머니 폭행은 했으니, 이제 칼로 어먼 구멍을 쑤시는 거 하고, 어머니 뒤지게 하는 것, 어머니 집과 교회 불 지르는 것만 남았네? ㅂㅅ 쯔ㅈㅇ^^

낚시꾼이 바늘 넣어 던져 준 미끼지렁이 덥석 물고 지렁이 괴롭히고 먹는 재미에, 자기가 낚시꾼에 잡히는 것도 모르는 붕어수준아이큐로 멀 하겠다고.. 끌끌..

형님이 부처수준으로 거듭나셨다구?

지렁이 물다가 낚싯바늘에 찢어진 붕어주둥이 꽤 아플텐데… 어쩌나?

어머니와 형제자매들에게 패륜 행위한 거 진지하게 무릎 꿇고 사과하면 용서해 줄께…

사죄는 형수님도 똑같이 해야 돼.

형님보다 더 나쁜 여자니까 어떠시우 내 조건이? ㅎㅎ

오후 10:57 참 좋아하시는 공개는 꽤 많이 하셨던데 효과 좀 보셨나요?

오후 10:57 ~ 2012.7.17 (화) 오전 7:08 내가 남을 때린다. 상대방도 나를 때린다. 근데 저놈이 왜 나를 때리지? 이게 바로 당신의 현재 모습, 붕어 머리 수준으로

오전 7:08 어머니 폭행해놓고 이제 와서 오리발? 그래서 녹음하려고 어머니에게 전화했구려ㅋ. 어머니가 당신 무서워 집에도 못 들어가고 계셔요. 이 악마 같은 한심한 인간아.
책을 많이 읽어서 당신이 예수나 석가보다 못할 게 없다고? 붕어 수준으로 망가진 머리로 위대한 존재가 되었다고 과대망상에 빠져서 하는 짓이라니…
미끼 물어 주둥이 찢어지고서도 또 물고, 미끼 안 바꾸고 또 던져도 그 미끼 또다시 무는 붕어…
의회난동, 어머니 위협, 교회방화협박, 어머니 폭행도 누군가 만든 일 같지? 붕어 수준 머리로 보면 그렇게 이렇게 말해도 모르겠지만 천륜도 모르는 조카따님이나 욕심과 시기심에 눈 멀었지만 그래도 정신병은 아닌, 제가 똑똑한 줄 착각하며 남을 바보로 아는 진짜 바보 형수님 보시라고…^^"

2012.7.22 (일) 오전 11:37 의회난동, 어머니 위협, 교회방화협박, 어머니 폭행도 누군가 만든 일 같지? 붕어 수준 머리로 보면 그렇게 볼 수도 있겠지…
어머니 어디를 칼로 쑤신다고 말하는 감정은 어떤 거지? 싸이코패스가 분명 맨 정신으로 어떻게 그런 말을, 아니 상상이나 할수 있겠나?

전지전능하신 형님 이제 그만 정신병 치료 받으셔요 더 망가지기 전에…
다른 사람도 다 형님 수준의 사고력을 가지고 있다는 걸, 아무리 잘난 체 해봤자 형님도 평범한 인간인걸, 거기다 정신병 방치해서 뇌가 초딩보다 못하게 망가졌다는 걸 인정하고..WW 동정심조차 안 생기게 더럽게 미쳐버린 형님… 다음사고는 과연 멀로 칠까?."

오전 11:52 자랑하던 회계사 영업은 잘 되고 있나? 좀 걱정되네 자중하시지 그랬어.
어떻게 날 낳아준 어머니를 그것도 XX를 칼로 쑤신다고 할 수 있는지.. 어떻게 엄마를 때릴 수 있는지.. 인간 말종..
네 딸과 아들도 너한테 그리 할 거다. 패륜아… ㄱㅇ

오후 12:05 니놈이 엄마를 폭행하지 않았다면 엄마가 가짜 진단 떼서 널 무고했단 말이냐? 안 그래도 목 아프다는 80노모 목을 주먹으로 팼냐? 이젠 어머니를 자해 공갈단 취급 하냐? 미친놈.. 약 올라 죽겠지? 그것도 내가 만든 것 같지?
엄마 거시기를 칼로 쑤시고 싶다는 놈아. 그게 철학적 표현이라고? 철학 두 번만 했다간 엄마 잡아먹겠다 이 호로자식아..
박인복 마누라, 이주영 딸, 이성호 아들까지 이 더러운 일에 동원하는 정신병자. 용기 있으면 이것도 공개하라.

2012.9.2 (일) 오전 12:51 어머니가 너한테 협박당하고 얻어맞으신 뒤에 집 현관문도 못 열고 사신다. 아직도 어머니를 니가 나온 구멍을 칼로 쑤셔 죽이고 싶으냐 이 개 같은 놈아. 돈도 안 번 어머니가 건방지다고 했어? 니 마누라는 설사하는데 어머니는 죽어도 된다고? 그게 도대체 말이 돼? 미쳐도 이렇게 더럽게 미친놈이 있나? 어머니 연세가 올해 82이다 이 죽일 놈아. 전화받아라 이 나쁜 자식아. 내가 시장을 그만두는 한이 있어도 널 용서할 수가 없다. 어머니가 사시면 몇 년이나 더 살겠냐. 너 언젠가는 나한테 죽는다. 내가 지금까지 참았는데.. 이젠 더 못 참는다.

백종선이 이재선에게 날린 문자

 2012.7.17 (화) 오후 5:11 재밌지? 이 인간들아!!!
앞으로 일어날 상황들도
재밌게 즐기면 될 꺼야 후후
이재명 사람들이 당신들이 해놓은 짓거리들 평생 기억할 테니까~~기대해

 밤 10:45 제발 용서하지 말라 재선야 ㅋㅋㅋ[FW]

 밤 10:48 너는 미친놈!
나는 돌아버린 놈이거든!
앞으로 잘지켜 봐라 재선아 하하하[FW]

밤 11:06 마누라 치마폭에서 그만 헤쳐 나오시게 이 사람아
ㅋ불쌍타~~뒤에서 조타질 하는 마누라가 그리 좋아 흐흐~~고학력 마누라 둬서 좋겠다ㅋㅋ

밤 11:53 재선아! 나7급 공무원 좀 제발 그만 두게 해줘라
그만 두고 싶어 미치겠다
이거 그만 둬야 내 맘대로 좀 해보지
그래야 너나 너 마누라 좀 편하게 만나지
낼 좀 어떻게 해봐라

2012.7.18 (수) 새벽 5:53 난 명바기가 내 편이다 ㅎㅎ
이붕신 저능아야~~138짜리붕어대가리야~~얼른 니 마누라 치마속에서 나와라
니 마누라가 이젠 글도 쓴다매 니 딸 니 아들도 같이 쓰라고 해 이저능아야
글구 서병철씨 사업 잘하라고 가서 전해라 똘선아 ㅋㅋ

아침 7:55 제발 좀 그렇게 해 흐흐흐
글구 전화좀 받아라 이어벙야

2012.7.26 (목) 밤 9:34 보기좋을꺼야 ㅋㅋ

2012.8.10 (목) 밤 11:18 네 장모에게도 인복이 나온 구멍 쑤셔 죽인다고 한번 해봐라 개 같은 미친색휘야

——————————— 굿바이, 범죄꾼

밤 11:21 니 장모 전화도 인터넷에 좀 공개해봐라 전화해서 니가 한짓 알려주게 짐승만도 못한색휘

 밤 11:26 두 번 간통했다고 인터넷에 자랑하듯 공개하셨는데 재미는 좋던가요? 븅신 ㅋㅋ

 밤 11:29 니가 어머니 욕하고 때리는 건 좋고 동생이 너한테 욕한 거는 죽일 일이라고 녹음해서 공개냐? 븅신

 밤 11:33 네아들 전화번호, 니아들과 이재명 시장님 통화 내용도 좀 공개해라 똘선씨

 밤 11:36 딸에게 어머니 구멍을 칼로 쑤셔 죽인다고 하는 철학에 대해 얘기좀 했나? 딸이 안 물어보던가?

 저녁 9:18 니딸년이나중에늙고병든너에게좆을칼로짤라죽인다하고철학이라주장하면 칭찬해줘라

 저녁 9:19 똘선이 개망나니야 베트남에서 노상강도 만나 총맞아뒈져버려라.

저녁 9:19 니딸년이나중에늙고병든너에게좆을칼로짤라죽인다하고철학이라주장하면 칭찬해줘라

저녁 9:24 노상강도당해서 뒤지지는말고 척추가부러져 서반병신만되어라. 평생못일어나게- 개새끼

저녁 9:24 니딸년이나중에늙고병든너에게좆을칼로짜라죽인다하고철학이라주장하면 칭찬해줘라 (동일문자 3회 보냄)

저녁 9:24 똘선아 니딸한테니가한짓쪼끔알려주고니가 니엄마한테한것처럼하라고갈쳐줬다. 잘했지? (동일문자 2회 보냄)

이처럼 이재명은 백종선과 함께 이재선을 끊임없이 자극했다. 기필코 정신병원에 강제 입원시키려는 듯이. 없던 병이 생기고도 남을 끔찍한 악행들이었다.

그새 김혜경은 이재선에게 또 다른 문자를 날렸다.

2012. 7.18. 오후 03:21 모르면 입다물고! 시간 있으면 의사나 만나보셔, 정신과 의사들이 너무 보고싶어해.[55]

---

55 김혜경은 이재명 못지않게 극악을 떨었다. 시아주버니에게.

고장 난
브레이크

"사건은 별거 아닌데,
죄명이 여러 건이다 보니 이게
문제가 될 것 같습니다.
회계사님은 몇 장 안 되는
자료를 제출하셨지만,
상대방은 책처럼 두툼한 자료를
제출한 데다 변호사 출신의 현직
성남시장과 관련된 일이잖습니까.
주위에서 관심 두는
사건인데 회계사님이 낚이신 것
같습니다."

_이종혁 검사

100m 거리에 두고

2012년 7월 25일, 이재선은 또 하나의 법원 통보를 받아 들었다. 이재선과 박인복은 그 사실을 믿을 수 없었다. 이재선에게 100m 접근 금지를 신청한 사람이 다름 아닌 어머니 구호명이었기 때문이다. 그것도 법무법인을 통해서였다. 사건이 접수된 시기는 이재선이 2012년 5월 28일 구호명의 집을 다녀온 직후로 예상된다. 이재선으로선 도저히 이해되지 않는 일이었다.

그날은 이재명과 그 수행비서 백종선의 악행을 호소한 후 어머니 도움을 받아 이재명과 통화를 하고 만날 작정으로 구호명 집을 방문했었다. 구호명의 전화를 받은 이재명이 '자신은 모르는 일이고, 형이 잘못해서 그런 것 아니냐'는 말을 하며 화를 내기에 어머니 구호명과 10여 분의 이야기를 나눈 후 이재선은 어머니 집을 나왔다.

그때 어머니 구호명은 이재선을 승강기 앞까지 따라와서는 배웅하며 "아들아, 잘 가거라"라는 인사까지 했었다.

그랬던 어머니가 자신에게 존속협박의 위협을 느껴 법원에 접근 금지를 신청했다고? 이재선을 파렴치한 아들로 만들고 가족들에게 피해만 주는 정신병자로 몰아 강제로 입원시킬 증거를 만들기 위한 누군가의 소행일 게 뻔했다.

그랬다. 2012년 당시 정신보건법[56]에 따르면 '시장·군수 등에 의하여 사회에 저촉되는 사람을 강제 입원시킬 수 있는 조항'이 있었다. 이재명은 이 법을 이용해 눈엣가시 같은 이재선을 정신 병원에 강제 입원시키려 했고, 그러기 위해선 그에 따른 증거들이 필요했다.

분당보건소장의 진술 (2)

여기서 구성수 보건소장의 진술 조서[57]를 다시 살펴볼 필요가 있다.

---

56 2012년 시행된 정신보건법

제21조(보호의무자) ① 정신질환자의 민법상의 부양의무자 또는 후견인은 정신질환자의 보호의무자가 된다. ② 제1항의 규정에 의한 보호의무자 사이의 보호의무의 순위 는 부양의무자·후견인의 순위에 의하며 부양의무자가 2인 이상인 경우에는 민법 제 976조의 규정에 따른다.

제25조(시장·군수·구청장에 의한 입원) ① 정신질환으로 자신 또는 타인을 해할 위험이 있다고 의심되는 자를 발견한 정신건강의학과 전문의 또는 정신보건 전문요원은 시 장·군수·구청장에게 당해인의 진단 및 보호를 신청할 수 있다.

② 제1항의 규정에 의하여 신청을 받은 시장·군수·구청장은 즉시 정신건강의학과전문의 에게 당해 정신질환자로 의심되는 자에 대한 진단을 의뢰하여야 한다.

③ 정신건강의학과전문의가 제2항의 정신질환자로 의심되는 자에 대하여 자신 또는 타 인을 해할 위험이 있어 그 증상의 정확한 진단이 필요하다고 인정한 때는 시장·군수· 구청장은 당해인을 국가나 지방자치단체가 설치 또는 운영하는 정신의료기관 또는 종합병원에 2주 이내의 기간을 정하여 입원하게 할 수 있다.

④ 제3항의 규정에 의한 자신 또는 타인을 해할 위험의 기준은 제28조의 규정에 의한 중 앙정신보건심의위원회의 심의를 거쳐 보건복지부 장관이 정한다.

57 2018년 8월 9일. 분당경찰서 참고인 진술 조서 (2).

문: 수사관

답: 구성수

문 참고인이 본 의뢰서는 구호명이 직접 작성하였다고 하던가요?

답 구호명이 작성한 것이라고 했습니다.

문 참고인이 본 의뢰서는 구호명이 직접 작성하였다고 보나요?

답 제가 볼 때 고령자가 '정신건강치료 의뢰서'라는 등의 단어를 사용하거나 이름, 주소 등을 먼저 작성하고, 그 내용을 작성한 것으로 보아 누군가의 조력을 받고 작성했을 것이라고 생각했습니다.

문 피의자 이재명은 법률전문가(변호사)인데, 정신보건법상 이재선의 시장·군수·구청장에 의한 입원이 가능하다는 명백한 근거를 제시하지 않던가요?

답 이재명 시장은 정신보건법 제25조 항목을 바탕으로 이재선을 입원시켜 치료를 받게 하려고 했는데, 제25조에 근거하여 이재선을 진단(발견)할 수 없는 상황이기 때문에 이 방법, 저 방법을 제시한 것 같습니다.

이재명은 구성수 진술에서도 알 수 있듯이 '제25조에 근거하여 이재선을 진단(발견)할 수 없는 상황임'을 알았다. 즉, 이재선을 정신병원에 강제 입원시킬 수 없다는 것을 알고 있었기에 어머니 구호명 집에서의 일을 '가정폭력처벌법상' 임시처분 및 보호처분을 신청하고, 어머니에게 이재선의 강제 입원을 위한 '정신건강치료의뢰서'를 작성하게 했다. 이재명의 이런 극악무도함은 더는 놀라울

일도 아니다. 누군가를 미워하려면 이재명처럼 하면 적어도 그 자신은 미치지 않을 듯하다.

낚이신 거 같습니다

2012년 7월 15일 어머니 구호명 집에서 있었던 소란에 대해 중원경찰서 경찰관은 이재선과 이재문을 형사입건해 수사했다. 2012년 9월 5일 수원지방검찰청 성남지청으로 사건을 송치했다. 사건번호는 성남지청 2012형제22293호였다. 이재선은 그 사건으로 당일 밤늦은 시간까지 중원경찰서에서 1회 조사받은 것 이외에는 경찰에서 더는 조사받지 않았다.

그러다가 이재선이 성남지청 이종혁 검사로부터 연락을 받은 것은 2012년 9월경이었다. 이재선이 혼자서 보름간 베트남을 다녀온 직후였다. 성남지청에 가서 조사를 받았다. 며칠 후 박인복도 성남지청에 가서 참고인 조사를 받았다. 박인복의 조사담당자는 여자였다. 그녀는 조사를 마친 후 박인복에게 "별일도 아닌데요"라며 "성남시장 가족들이 별것도 아닌 것을 문제 삼아 사건화하였다"라며 의아해했다.

그 무렵, 이재선은 인터넷 《굿 타임즈》의 기자 한 명을 형사 고소했다. 구호명 집에서의 일을 사실 관계도 확인하지 않고 과장 보도한 때문이다. 그 고소 사건을 진술하기 위해 성남지청에 들른 이재선은 지정된 시간이 돼도 피고발인 조사가 끝나지 않았다며 좀 더 기다려야 한다는 말에 왠지 불안한 마음이 들었다.

또 검찰에서 조사를 받은 지 한참이 지나도 2012년 7월 15일 사건의 처리 결과가 나오지 않아 걱정되었다. 혹시 담당이었던 이종혁 검사를 만나면 어찌 된 일인지 물어볼 수 있을까 싶어 이재선은 3층 이종혁 검사실 앞을 기웃거렸다. 마침 그 광경을 본 이종혁 검사가 그를 불렀다. 검사실 안으로 들어서자 이종혁 검사는 파티션이 있는 검사 책상 옆으로 앉게 했다. 그러고는 조용하고 나지막한 목소리로 입을 뗐다.

"사건은 별거 아닌데, 죄명이 여러 건이다 보니 이게 문제가 될 것 같습니다. 회계사님은 몇 장 안 되는 자료를 제출하셨지만, 상대방은 책처럼 두툼한 자료를 제출한 데다 변호사 출신의 현직 성남시장과 관련된 일이잖습니까. 주위[58]에서 관심 두는 사건[59]인데 회계사님이 낚이신 것 같습니다."

이종혁 검사의 말을 들은 이재선은 아주 복잡한 심정으로 귀가했다. 아내 박인복과 심각하게 의논했다. 이전까지 이재선은 그 사건을 단순히 소란을 피운 정도로 여겼었다. 이후로 심각성을 깨달은 이재선은 박인복과 변호사 선임을 두고 고민했고, 의논 끝에 실제로 변호사를 선임했다. 그 변호사는 선임계를 제출하지 않고 사건을 처리하겠다고 했다. 그렇게 하기로 했다.

2012년 12월 14일, 담당 검사 이종혁은 위 건의 조사 결과 시한부

58 　상부를 지칭하는 듯.
59 　압력을 받는다는 의미.

기소 중지했다. 이재선의 어머니 구호명과 그 형제들이 "이재선의 정신병적 증세로 인해 본 건이 발생한 것이고, 매년 봄 무렵이면 이상증세가 나타나 재범의 우려가 있다"라고 주장해 이재선 자신도 정신 감정을 받겠다고 했다. 따라서 이재선의 책임조각사유, 치료감호 사유의 유무를 판단하기 위해 정신 감정의 필요성이 있다는 이유로 감정 결과가 도착할 때까지 그러한 조치를 내렸던 것이다.

동시에 검찰은 이재선에게 정신 감정을 받아올 것을 요청했다. 이재선은 자신의 비용을 들여 성남시 분당구 야탑동 소재 '맑은샘 심리상담연구소' 배성훈 1급 임상심리사를 찾아가 정신 감정을 요청하고 검사를 받았다.

2012년 12월 27일, 검사 결과 이재선은 "유의미한 정신과적 장애 및 정서적 어려움을 나타내고 있지 않은 상태로 판단된다"는 정신 감정 결과를 받아들고 그 결과를 성남지청에 제출했다. 성남지청은 기소 중지했던 위 사건을 2013년 1월 4일에 '2013형제983호'로 수사를 재개하여 백상준을 담당 검사로 지정했다.

백상준 검사는 이재선에게 전화로 "사건의 원만한 처리를 위해 어머니 구호명의 처벌을 원하지 않는다는 서류를 받아오면 좋겠다"라는 내용을 전했다. 이재선은 박인복과 함께 구호명에게 접근 금지가처분이 되어 접근할 수가 없었다. 그러니 구호명으로부터 처벌불원서를 받는 일은 요원했다. 그 사실을 알게 된 딸 이주영이 '자신이 다녀오겠다'고 나섰다.

2013년 1월 9일 수요일 점심 무렵, 이주영은 처벌불원서 양식을 준비해 이재선의 이종사촌 형인 서병일과 함께 성남시 중원구 성남동 소재의 구호명 집을 방문했다. 당시 구호명은 집에 있었다. 이주영과 서병일은 함께 구호명의 집 안으로 들어갔다. 함께 있는 자리에서 이주영은 구호명에게 처벌불원서 양식을 내밀며 말했다. "검사가 아버지 처벌을 원하지 않는다는 할머니 각서를 받아 오라고 했다. 제발 할머니께서 중재해 이 일을 해결하는 방향으로 해달라"는 내용을 전하면서 설득에 나섰다.

서병일도 함께 구호명을 설득했다. 하지만 구호명은 단호했다. "못 해 준다"라며 분명하고 또렷하게 몇 번이나 거절했다. 급기야 이재명에게 전화해 상황을 전달했다. 그러자 이재명은 서병일에게 전화했다. "왜 남의 일에 나서느냐? 그러지 말라"며 한참을 설득했다. 그러고는 "이주영을 데리고 (어머니 집에서) 나가라"며 버럭 화를 냈다.

어머니 구호명은 이재선이 정신과 치료를 받아야 한다고 확신하는 듯했다. "이재선이 정신질환 치료만 받으면 된다"는 말을 반복했다. 구호명은 이재명과 의논하고 그 요청에 충실히 따르는 모습을 보였다.

그때였다. 성남시 공무원 2명이 구호명 집으로 들이닥쳤다. 불과 몇 분 지나지 않아서였다. 이재명이 보냈다. 그럴 필요가 없다는 구호명의 사양에도 불구하고 엄기섭과 배소현을 보내 구호명을 보호하게 했다. 이재명은 시 공무원들을 공무가 아닌 사적인 업무에 동원했다. 이재명은 혹시나 구호명이 이주영에게 처벌불원서를 써 줄 것을 염려했다. 그랬다가는 자신의 계획이 어긋날 게 뻔했기 때문이다. 어떡하든 막고자 했다.

이주영은 쫓겨나다시피 구호명의 집을 나와야 했다. 기막힌 상황에 속울음을 삼키면서.

한편, 백상준 검사는 이재선이 구호명으로부터 처벌불원서를 받을 수 없다는 사실을 알고는 더는 아무런 조사도 하지 않았다. 그렇게 사건을 끌다가 2013년 4월 8일에 이르러 이재선에게 상해, 건조물침입, 폭행, 존속협박[60], 업무방해 등 6가지 죄명으로 벌금 500만 원의 구약식 그대로 약식명령을 내렸다.

잠 못 드는 나날

이재선은 좀체 잠을 이루지 못했다. 2012년 12월 말쯤부터는 더더욱 그러했다. "죽고 싶다"라는 말을 달고 살았다. "어떻게 내 동생이 나한테 이럴 수 있느냐? 어머니도 어떻게 이럴 수 있느냐? 세상으로부터 버림받은 느낌이다"라는 생각에 비관적인 말을 되뇌었다.

삶의 의욕을 완전히 잃은 사람처럼 괴로운 나날을 보냈다. 그

---

60 2012년 5월 28일. 이재선은 어머니의 도움을 받기 위해 어머니 집을 방문했다. 이재선에 대한 이재명 수행비서 백종선의 갖은 협박을 막아 줄 것을 이재명에게 요구했으나, 이재명이 답변을 하지 않자 이재선은 어머니 집을 방문해 어머니로 하여금 이재명과 통화를 한다. 그 과정에서 어떡하든 이재명을 어머니 집으로 오게 할 생각으로 이재선이 '어머니 집으로 이재명이 오지 않으면 그 집을 불싸지른 다'라고 한 것을 존속협박으로 고소한 사건. 당시 협박 상대는 어머니가 아닌, 이재선과 통화를 하고 있던 이재명이었다.

런 와중에도 인터넷에서 자신과 이재명 관련된 글을 찾아 읽고는 댓글을 쓰며 마음에 큰 상처를 받곤 했다. '이재선과 박인복이 이재명을 음해하여 성남시장을 못하게 하려고 난리를 치고, 어머니를 죽이려 했고, 비리를 저질렀으며, 교수 청탁을 하는 등 부부가 쌍으로 미쳐 날뛴다'라는 식의 말이 도배돼 있었다. 억울하고 또 억울한 일이었다. 이재선의 잠 못 드는 밤은 계속됐다.

2013년 3월 16일 토요일 오후 3시 20분경이었다. 심신이 지칠 대로 지쳐 있던 이재선은 깜빡하는 사이 졸음운전으로 중앙선을 침범해 마주 오던 5t 트럭과 충돌했다. 대형 교통사고를 일으켰다. 그 사고로 이재선은 무릎의 열린 상처, 볼과 볼점막의 열린 상처, 안와내벽골절, 갑상연골골절, 외상성 혈흉, 좌측 슬부 후방 십자인대 파열 등으로 전치 12주 이상의 중상을 입었다.

이재선은 안중 백병원에서 1차 응급처치를 받고 분당서울대병원에서 2차 응급치료를 거쳐 성남시 수정구 수진2동 소재 정병원 등에서 2014년 8월 초까지 1년 반 동안 치료를 받았다. 여러 차례 수술을 받았던 터라 치료와 재활에만 전념할 수밖에 없었다. 당연히 다른 것은 신경 쓸 여유가 없었다.

이재명과의 갈등으로 상황이 더 악용될 가능성을 염려해 가족들은 사고 소식을 아무에게도 알리지 않고 지냈다. 박인복의 친정 식구들 이외에는 이재선의 사고를 아는 사람이 없었다.

2014년 8월 13일 수요일, 박인복은 이재선이 어느 정도 치료가 되어 거동에 큰 어려움이 없는 상태가 되자 가족 여행을 떠났다.

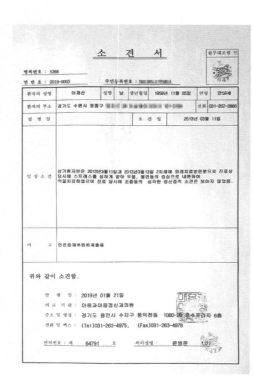

〈사진 3〉 교통사고 직전 정신과 의원을 찾은 이재선

이재명이 인터넷에 이재선에 대한 온갖 음해 글을 도배해 놓은 것을 보고 극심한 스트레스를 받아 우울과 불면 상태였던 이재선. 정신증적 소견은 없었다. 그렇지만 이어지는 불면 상태에서 졸음운전을 하다 교통사고를 냈다.

이재선은 아내 박인복과 아들, 딸, 장모, 처형 등과 함께 충남 태안군의 천리포 수목원을 구경하고 부근 리조트에서 휴식을 취한 다음 날 귀갓길에 올랐다. 도중에 안면도 수목원에 들르는 바람에 집에는 늦게야 도착했다.

당시 이재선의 가족들은 이재명은 물론 구호명과 일체 연락을 끊고 지냈다. 다른 형제들과도 마찬가지였다. 그런데 2014년 8월 16일 토요일 저녁, 느닷없이 이재명에게서 문자가 날아들었다. 그것도 한없이 모욕적이고 저주를 퍼붓는 듯한 문자 폭탄이었다.

이재명이 이재선에게 날린 문자

2014.8.16. 토요일 저녁 9:35 이재선 박인복 개차반 망나니..

니 친동생 재옥이가 저 세상으로 갔는데도 장례식조차 안 나타나는 패륜아들..

너는 나한테 친형님 그리 강조하더니 친여동생이 억울하게 죽었는데 콧베기도 안보이는구나

너희 부부는 나 만나지 않게 조심해라

너희들만 독하고 똑똑한 게 아니다

나도 니들부부만큼 독하다는 거, 최소한 니들만큼은 지능이 된다는 거 알아둬라

니들 부부가 어머니 때리던 날 재옥이 두들겨 패서 피투성이 되게 한 그날부터 재옥이가 머리가 아프다고 하더니 결국 피투성이가 되었는데도 "때린 일 없는데 동생들이 거짓말했다"고 억지 글 써서 얼마나 상처 입었는지 아느냐?

증거 없으면 뭐든지 오리발 내고 거짓말하는 너 같은 것들이 이런 일로 꿈쩍이나 하겠냐만..

재옥이가 살았을 때 그러더구나 니들이 정말 죽도록 밉다고..

어머니 아래 구멍을 칼로 쑤셔 죽인다고 하는 개만도 못한 놈아

그런 표현은 철학적 표현이라는 돼지만도 못한 인복이년 데리고 잘 살아봐라

천벌은 곧 받게 될 거야

저승에서 재옥이가 너흴 기다리고 있을 거다

그리고 너와 인봉이년 둘이서 더 열심히 해봐라

내가 인복이 인터뷰영상 삭제를 왜 하지 않고 있는지, 너의 인터뷰 기사를 왜 안 지우는지는 너희들 돌대가리로는 죽을 때나 되서 알게 될 거다 아니 그때도 모를 거다 단세포 멍충이머리로는

어머니가 어떤 상태인지 패륜 부부에겐 관심도 아니겠지
어머니가 집을 미리 조치안하면 본인사후에 돈에 눈먼
니들 행패부릴까봐 권리주장 못하게 미리 조치하라시
더라
글구 약좀 먹어라
요새 다시 증세가 시작되더군 가급적 인복이도 같이

저녁 9:46 재옥이 장례식장 사진이다.
니년놈들이 나중에 재옥이 장례식장 갔었다고 거짓말
할 때 이용해라
살아 있을 때보다 더 예쁜 입관 때 얼굴 사진도 있다만
너희 짐승같은 것들은 그런 것까지 볼건 없다
냉장고에서 나와 염을 하고 있는 차디찬 재옥이 시신 뺨
에 입술을 대고 눈물로 약속했다

니놈이 재옥이한테 한 짓, 사죄도 않고 장례식에도 안
온 일, 어머니와 내게 한 짓, 다른 형제자매들에게 한 짓
을 그 열배 백배로 돌려주겠다고..
너와 국정원과 손잡은 패륜 국정원과 새누리당에도 반
드시 그 빚을 갚아주겠다고..

재옥이 시신이 연기와 한줌의 재로 변한 오늘 밤..
원래 그랬던 것처럼 발 뻗고 잘 쳐자거라.
짐승들아..

조만간 사무실로 한번가겠다 니놈과 인복이년 표정 한
번 봐야겠다

2014.8.17. 일요일 아침 8:35 이재선 박인복이 두연 놈은 전화 받아라
여동생이 죽었는데도 콧베기도 안보이는 개차반 인간들..
그러고도 니들이 개보다 나은 인간들이라고 할 수 있느냐?
국정원 새누리당과 놀아나는 집단싸이코패스들

떠밀려 간 정신병원

　　　　　이재선은 교통사고 후유증으로 외상 후 스트레스가 극심했다. 이재명이 여동생의 죽음 소식을 알리며 보낸 모욕적인 문자를 받은 후부터 증세는 날로 심해졌다. 아주 작은 일에도 쉽게 흥분했다. 제대로 잠을 이루지 못했다. "사실을 밝혀야 한다"라며 인터넷에 몰두하는 등 돌변했다. 이재선은 그때부터 자신의 정신병원 강제 입원과 관련된 박정오 부시장, 구성수·이형선 보건소장 등 관계자들을 만나거나 전화 통화를 시도했다. 현수막을 걸고 유인물을 뿌렸던 성사모를 분당경찰서에 명예훼손죄로 고소하는 등 적극적인 행동에 나섰다.

　이재선은 다시 인터넷에서 자신을 비방하는 글과 이재명에 대한 자료를 찾기 시작했다. 댓글을 쓰는 일로 밤새는 일이 잦아졌다. 불면증까지 찾아와서 잠 못 이루는 나날이 이어졌다. 그렇게 잠을 못 자고 지내는 날이 많다 보니 심신은 지칠 대로 지쳐갔다. 해질 대로 해져 만신창이가 됐다.

　충동적인 행동이 잦아지고 낭비벽이 심해졌다. '술 취해 전화

하는 것 아니냐'는 오해를 받을 만큼 교통사고 후유증으로 발음도 부정확했다. 전화 통화를 할 때면 상대방이 자신의 말을 알아듣지 못한다며 짜증 내기 일쑤였다. 그런데도 이재선은 전화 통화에 매달리는 일이 많았으며, 그럴 때마다 합리성이 빠진 말을 쏟아내곤 했다. 교통사고 이전의 이재선과 이후의 이재선은 완전히 딴 사람이었다.

이재선의 아내 박인복과 자녀들은 더는 그대로 버려둘 수 없다고 판단했다. 고통의 늪에 빠져 불행의 급류에 떠내려가는 이재선을 속수무책으로 바라볼 수만 없던 가족들은 걱정과 고민 끝에 경남 창녕군에 있는 국립부곡병원 전문의를 찾아갔다. 상담과 진료를 받았다. 그 결과 '양극성 정동장애, 현존 정신병적 증상이 없는 조증' 진단을 받고, 전문의 권유대로 입원 치료를 했다. 그때가 2014년 11월 21일부터 2014년 12월 29일의 일로 약 40여 일간이었다.

그러니까 이재명이 2012년 4~5월쯤부터 몇 달간 이재선을 정신병원에 강제 입원시키려던 때와는 시기적으로 2년 6개월의 차이가 있다. 결국 이재명은 직권을 이용해 이재선을 정신병원에 강제로 입원시키지는 못했다. 하지만 그 과정에서 이재명이 이재선에게 행했던 온갖 악행들로 이재선은 몸과 마음에 큰 상처를 입고 말았다.

이재명이 이재선을 정신병원에 강제 입원시키려던 시기로부터 정확히 2년 6개월 후, 이재선은 죽지 않고 살기 위한 몸부림으로 경남 창녕군 국립부곡병원에 입원했다. 그는 그렇게 살기 위한 나름의 걸음을 뗐다.

필사의 점프

　　　　　　　　　이재선은 국립부곡병원에서 퇴원한 이후 2015년 말까지는 서울 강남구 논현동 소재 강남을지병원에서 2~3주에 한 번씩 통원 치료를 받았다. 2016년 접어들어서는 서울 노원구 상계동 소재 상계백병원으로 한 달에 한 번 통원 치료를 다녔다.

　국립부곡병원을 퇴원한 후부터 2016년 10월 중순까지는 이재명도 SNS에 글을 올리기는 하였어도 이재선 부부에게 전화나 문자를 보내지 않았다. 이재선 역시 아내의 강력한 권유로 SNS에 관심을 두지 않았다. 그러다가 몸이 좀 나아지고 컨디션이 좋아지자 이재선은 다시 사람들과 소통하기 시작했다. 2016년 10월 하순쯤부터 페이스북을 했다.

　그 과정에서 사람들이 SNS상에 올라와 있던 이재명이 쓴 이재선에 대한 비난 글을 언급하게 되었고, 이재선은 자연스레 그 글들을 들여다볼 수밖에 없었다. 글들이란 것이 객관적 진실과는 너무나 동떨어진 것들이었다. 특히 이재명이 이재선의 국립부곡병원 '입원확인서'와 '입원동의서' 사진을 올려놓고 자신의 정당성을 강변하는 대목이 셀 수 없이 많은 것을 보고는 더더욱 진실을 밝히고 싶어 했다. 현실적으로 어렵다는 것을 느낄 때마다 이재선은 국립부곡병원에서 입원 치료를 받게 한 아내 박인복과 딸을 원망하곤 했다. 이재명에게 악용될 빌미를 준 것을 참을 수 없는 고통으로 여겼었다.

그런 이재선의 고통을 지켜보고만 있을 수 없던 딸 이주영은 자신의 페이스북에 이재명이 유포한 허위사실들을 하나하나 반박하기 시작했다. 이재명은 즉시 박인복과 딸 이주영의 페이스북 글을 유포금지가처분을 신청했다. 박인복도 더는 당하고만 있지 않았다. 변호사를 선임해 대응했다. 그러자 이재명은 스스로 가처분 신청을 취하했다. 왜 했을까?

"종편 TV조선은 민주사회의 독극물" [61]

2017년 1월 3일 이재명은 국회 정론관에서 이틀 전인 1월 1일에 《TV조선》 뉴스에서 보도한 '이재명 시장, 셋째 형 정신병원 강제 입원 시도 의혹' 보도에 대한 반박 기자회견을 열었다. 그때 이재명의 손에는 확대 인쇄된 이재선의 입원확인서와 입원동의서 사본이 들려 있었다.

저희 형님, 박사모 성남지부장 맡고 계시는 저희 형님에 관한 얘기입니다. 그 박사모 지부장을 하고 계시는 저희 형님은~ 동생이 시장이 된 것을 기화로 이익을 노리다가 저한테 차단된 분이십니다. 그런데 어머니를 폭행하고 어머니한테 차마 인간으로서 할 수 없는 폭

---

61   이정애 기자, 《한겨레》, 2017년 1월 3일 자 보도.

언을 하고, 살해협박을 하고 했기 때문에, 정신적으로는 문제가 있는 걸로 확인이 됐고, 나중에 결국~ 부인입니다. 지금 본인이 입원을 했고, 입원동의서, 강제~ 부곡정신병원입니다. 여기 보시면~ 국립부곡정신병원~ 여기 정신병원입니다. 부곡정신병원~ 창녕에 있습니다. 창녕에~ 창녕에 있는 정신병원에 입원을 할 때 누가 동의를 했냐면~ 부인 박인복, 딸 이주영 이 둘이 직계비속과 부인 두 사람이 동의를 해야 입원이 가능하기 때문에, 그 입원동의를 받아서 실제로 강제 입원 됐습니다. 강제 입원을 어머니나 제가 시킨 게 아니라, 그 부인과 딸이 했고, 이건 이미 공개돼 있는 자료입니다. 이 부인이 자기들이 강제 입원을 시켜 놓고 마치 이재명 시장이 강제 입원을 시킬려고 시도했다. 이런 허위 주장을 하고 있는데, 이거 확인해 보면 금방 알 수 있는 것이고, 또 실제로 이 자료까지 건넸음에도 우리 TV조선은~ 이거 완전히 다 무시하고 강제 입원을 시도한 의혹이 있다 이렇게 거짓 보도를 했습니다.

이날 이재명이 했던 기자회견은 역시나 거짓말투성이였다. 이재명은 이재선의 국립부곡정신병원 입원확인서와 입원동의서가 이미 공개된 자료라고 했지만, 이는 터무니없는 말이다. 이재명 측에서 그 서류들을 입수하게 된 것은 차명진 전 의원의 등장 때문이었다.

2014년 10월 20일 차명진 전 국회의원이 《채널A》의 뉴스 시사 프로그램 패널로 출연해 "이재명 성남시장은 자기를 도왔던 형을 사이가 안 좋아지자 정신병원에 입원시켰다"라는 등의 발언을 했다. 그러자 2014년 11월 5일 이재명은 그 발언과 다른 발언들이 자신의 명예를 훼손했다며 차명진 등을 상대로 형사 고소하고 위자료청구소송을 제기했다. 그 재판 과정에서 국립부곡병원이 이재명과 차명진 사이의 위자료청구소송을 담당하는 법원의 요청으로 제출했던 것을 이재명 측이 소송 당사자로서 복사한 것으로 추정된다.

따라서 이재명의 위 서류 공개 행위는 사실 적시에 의한 명예훼손에 해당한다. 이재명은 이재선과 그 가족들에게 사전은 물론 사후에도 서류에 대한 동의를 구한 적이 없다. 이재선의 국립부곡병원 입원확인서와 입원동의서가 법원에 제출된 덕분인지 1심 재판부는 차 전 의원이 이재명에게 700만 원을 배상하라며 원고 일부 승소 판결을 내렸다. 이듬해 판결은 확정됐다. 이재명의 승리인 것처럼 보였다.

이어진 분당보건소장의 진술 (2)

다시 구성수의 진술 조서[62]를 살펴보자.

---

62   2018년 8월 9일, 구성수의 분당경찰서 참고인 진술 조서(2).

문: 수사관

답: 구성수

문 참고인은 백종선이 이형선에게 한 행동에 대하여 어떻게 듣게 되었나요?

답 제가 분당보건소를 갔을 때 직원한테 들었는데 백종선이 이형선 소장 방에 찾아가서 큰소리로 쌍욕을 하였고, 이형선과 말다툼을 했다[63]고 들었습니다.

문 참고인은 백종선과 별다른 일이 없었나요?

답 2013년 수정보건소장에서 다시 분당보건소장 발령 나기 전에 나를 부르더니 '분당보건소장으로 발령 날 것이다'라고 말하면서 권석필 인사과장(자치행정과장)을 부르더니 인사과장이 있는 자리에서 마치 자신이 인사권이 있는 것처럼 '잘하라'는 뉘앙스를 비치면서 행세를 하는데 참 어이가 없었습니다. 백종선은 비서이고 그 직급도 매우 낮은데 하는 행동은 그렇지 않고 마치 자기가 시장인 것처럼 행세하는데 아주 꼴 보기 싫었습니다.

문 참고인은 하남보건소장으로 이동한 후 성남시청 피의자 이재명이나 성남시청 공무원으로부터 연락을 받은 사실이 있나요?

답 예, 있습니다.

---

63 당시 백종선이 모처에서 이재선을 붙잡아 두고 있었다고 한다. 이재선을 정신병원에 강제 입원시키기 위해서. 앰뷸런스와 함께 그곳에 도착하기로 했던 이형선이 나타나지 않아 이재선의 정신병원 강제 입원이 무산되자 백종선은 이형선을 찾아가 몹시 화를 냈다. 유동규 씨는 이에 대해 이재선 씨의 정신병원 강제 입원 시도는 모두가 이재명이 시켜서 한 일이라고 했다. 정진상, 유동규, 김용, 백종선 등 모두는 작은 것 하나도 이재명의 지시 없이 할 수 없는 구조적 시스템을 강조했다.

이때, 참고인은 당시 전화 목록을 모두 기록했다며 기록한 메모를
보고 진술하다.

답   2017년 6월 20일 17:09경 성남시청 자치행정국장 박재양
으로부터 '2017년 7월 정기 인사 때 분당보건소장으로 와
달라'는 전화를 받고, '영국 연수가 예정되어 있는 등 현재
하남보건소장직에 만족한다'는 이유로 이를 거절했는데,
17:22분경 문자 메시지를 통해 '빨리 답을 해줘라'고 왔고, 6
월 21일 09:51분경 문자로 거절 메시지를 보냈습니다.

그리고 6월 23일 19:32분에 피의자 이재명이 직접 전화하여
(— 혹은 —중 하나) '분당보건소장직'을 제안하였으나 약 4분
간 통화를 하면서 정중하게 거절하였으며, 2017년 11월 17
일경에 비서실장이었던 윤기천이 다시 전화하여 '다음 정
기 인사(2018년 초 정기 인사) 때 분당보건소장직을 맡아 달라'
고 하였으나 이 역시 거절하였더니 '나는 시장님에게 구 소
장이 분당보건소장으로 오는 것이라고 보고하겠다'라며 막
무가내로 전화를 끊은 사실이 있습니다.

그리고 2017년 11월 29일경 비서실장이었던 전형수로부터
최종적으로 제안하는 것이라고 하면서 다시 제안을 받았지
만 거절하였습니다.

문   참고인에게 왜 이와 같이 다시 분당보건소장직을 제안하였다고

생각하나요?

답 2017년 6월경은 이재명 시장이 경기도지사로 나가는 것이 확실시 될 실정이라고 들었습니다.

저는 하남보건소로 옮긴 이후 모두 잊고 살았고, 장재승이 작성하여 제 이메일로 보내준 '이재선 씨의 문건에 대한 평가의견'이라는 문서도 잊고 있었습니다. 더욱이 그 서류가 어떻게 사용되었는지는 모르고 있었는데, 2017년 1월 초경 TV조선 기자가 '이재선 씨의 문건에 대한 평가의견' 문서의 하단에 '분당보건소/구성수/2012-04-05 13:42'라고 기재된 것을 보고 이 내용을 확인하기 위해 전화가 왔습니다. 물론 저는 전화를 받지 않았지만, 나중에 방송에서 이 문서가 공개되는 것을 보고 정말 놀랐습니다.

이러한 것들이 이재선의 강제 입원 시도와 관련된 것이고, 경기도지사를 출마하려는 이재명의 입장에서 흠집이 될 수 있으니 저를 포섭하려고 한 것이 아닌가 생각합니다.

문 비슷한 시기에 성남시산업진흥재단 감사직을 제안받은 이형선도 참고인에게 분당보건소장직을 제안한 것과 같은 의미인가요?

답 예, 같은 의미입니다. 제가 2017년 6월경 분당보건소장직을 제안받았을 때 이형선 소장이 전화가 와서 '나는 산업진흥재단 감사로 간다'라고 하면서 '분당보건소장으로 오는 것이냐'고 물어보기도 했습니다. 이러한 사실로 보아 저나 이형선을 다시 곁에 두려고 했던 의미인 것 같습니다.

이때(2018년 8월 10일 00:03경) 자정이 경과하여 참고인에게 심야
조사에 대한 의견을 묻다.

문   현재 자정이 지났는데 계속하여 조사를 받을 것인가요?

답   예, 계속 조사를 받겠습니다.

이때 참고인을 상대로 '심야조사 동의서'에 서명을 받다.

문   참고인은 2018년 7월 2일경 이 사건과 관련하여 분당경찰서에
출석하여 참고인 조사를 받았는데, 참고인 이형선으로부터 전화
를 받은 사실이 있나요?

답   예, 있습니다.

문   참고인은 언제 이형선으로부터 전화를 받았나요?

답   2018년 6월 중순쯤부터 전화를 받았고, 만나자고 했으나 바쁘다
는 이유로 만나지 않았습니다.

문   참고인이 이형선과 전화 통화 등의 경위를 진술하세요.

답   제가 7월 2일경 출석하기 전부터 저를 만나자고 전화가 왔는데
제가 계속 피했습니다. 7월 2일경 조사받기 직전에도 전화가 왔
는데 제가 피했습니다. 그리고 경찰 조사를 받았습니다. 조사를
받은 후 제가 이형선에게 전화하여 "난 경찰 조사를 받았는데 왜
전화하느냐"라고 하자, 다음 날인 7월 3일경 하남보건소로 찾아
왔고 제가 '조사 받았다'는 말을 하니 혼잣말로 '한발 늦었네'라고
하며 "너무 아쉽다. 구 소장이 조사받은 거 미리 알았으면 말이라

도 맞추려고 했는데…"라고 했고,

제가 '2012년도에 있던 일을 사실대로 말하면 되는 것 아니냐. 당시 시장실에 같이 있었지 않느냐'라고 하자, '언제 같이 있었느냐'는 식으로 기억이 안 나는 것처럼 말했습니다. 그래서 제가 '사실대로 말해야 하는 것 아니냐'고 하자, '사실대로 말하면 뭐 하냐, 피 볼텐데…'라고 하기도 했습니다.

문 이형선이 참고인에게 어떻게 말을 맞추려고 했다는 것인가요?

답 저에게 하는 말이 대뜸 '시장님이 언제 이재선 입원을 지시했느냐, 윤기천이 모두 지시한 것 아니냐'라고 했고 저는 어이가 없었지만 이형선에게 '시장실에서 이재명 시장이 지시하는 것 다 듣지 않았느냐, 나는 장재승의 의견서도 받아서 시장을 주었는데 이런 것들이 모두 이재명 시장이 지시한 것 아니냐'라고 하였습니다.

문 그 말을 들은 이형선은 무엇이라고 하던가요?

답 '자기는 못 들었다, 보지 못했다'라며 말도 안 되는 소리만 했습니다.

그리고 '경기도민 몇십만 명이 뽑은 사람인데 경기도지사에 당선된 사람을 어떻게 건드리냐'라고 하기도 했습니다.

문 이형선이 누군가의 지시를 받고 이와 같이 말하는 것 같던가요?

답 그건 잘 모르겠습니다.

문 이형선은 왜 참고인에게 전화하여 '말을 맞추자, 윤기천이 지시한 것 아니냐'라고 했다고 생각하나요?

답 저에게 하는 말이 "이재명 시장이 시켰다고 하면 직권남용이고, 형을 선고받으면 도지사를 그만둬야 한다"라고 말하기는 했습니다.

문   그 외 참고인이 참고인 조사를 받은 이후 성남시청 관계자들로부터 전화를 받은 사실이 있나요?

답   최근 (2~3주 전) 토요일 SBS '그것이 알고싶다'에서 이재명 시장과 코미[64] 관련 방송을 하였는데, 그 전날 금요일 오후에 윤기천으로부터 두 번 전화가 왔는데 받지 않았습니다.

문   그 외 다른 사람으로부터 전화를 받은 사실은 없나요?

답   없습니다.

문   참고인은 2018년 7월 2일경 참고인 조사 이후 불이익을 받은 사실이 있나요?

답   현재까지는 없습니다.

문   2012년 6월 중순경 이재명 시장이 브라질 출장 중 이형선에게 전화하여 강한 어조로 이재선의 입원을 지시하였는데 그 사실을 알고 있나요?

답   예, 알고 있습니다.

문   참고인은 2012년 6월경 이재명 시장이 브라질 출장 중 이형선에게 전화한 사실을 어떻게 알게 되었나요?

답   이형선이 녹취 파일을 가지고 있다는 사실을 직접 말하고 다녔기 때문에 알만한 사람은 다 압니다. 저도 이형선 소장에게 직접 파일이 있다는 말을 들었습니다.

---

64   성남 국제마피아파 이준석이 대표로 있는 회사.

문	참고인은 언제 이형선으로부터 녹취 파일이 있다는 말을 들었나요?
답	시간이 오래돼서 처음 들었던 시기는 기억나지 않고 가장 최근에 녹취 파일에 대한 말을 들은 것은 좀 전 진술과 같이 2017년 1월 초경 TV조선에서 방송했을 때입니다. 2017년 1월 초경 방송을 보고 너무 놀라 이형선 소장에게 연락하여 만났고, 그 자리에서 제가 이형선 소장에게 '내가 받아 온 장재승 센터장의 의견서 문건이 이렇게 방송에 나오고 이 문건이 이재선의 입원과 관련하여 실제로 이용되었는지 정말 몰랐다'라고 하였고, 제가 이형선 소장에게 '그 녹취 파일을 잘 가지고 있으라'고 하였습니다. '나중에 어떻게 될지 모르니 이 파일이면 당시 이재명 시장이 강압적으로 지시한 것을 입증할 수 있을 것이다'라고 했습니다. 그러자 이형선 소장이 '그 파일을 녹음한 핸드폰이 망가져서 새로운 핸드폰으로 바꿨는데 아직도 녹취 파일을 새로 바꾼 핸드폰으로 이동하지 못하고 있다'라는 말까지 들었습니다.

그 말을 듣고, 제가 이형선 소장에게 '그 망가진 핸드폰을 복원해서 파일을 복구할 수 있는 업체를 찾아볼까요'라고 제안을 하기도 했으니까요

문	참고인의 말을 들은 이형선 소장은 무엇이라고 하던가요?
답	그때는 아무런 말도 안 했지만, 다음 날 전화해서 그냥 복구 안 한다고 했습니다. 그래서 제가 혹시 모르니 잘 보관하고 있으라고 당부하기도 했습니다.

문	참고인은 이형선이 녹취한 파일을 직접 눈으로 보거나 들었나요?
답	직접 보지는 못했지만 이형선으로부터 직접 파일이 존재한다는 소리를 수차례 들었습니다. 확실합니다. 그 핸드폰을 안 버렸다고 했습니다.
문	참고인은 의사이면서 보건소장을 오랫동안 역임하고 있는 입장에서 피의자 이재명이 이재선의 강제 입원과 관련하여 정신보건법 제25조를 합법적으로 적용하여 진행한 것이라고 생각하나요?
답	제 생각에는 전혀 아닙니다. 어떻게 제25조를 적용하여 이재선을 입원시키려고 했는지 지금도 궁금합니다.
문	그 이유는요?
답	자해·타해 위험을 판단할 수 없는 이유가 가장 크고, 인권침해의 소지가 매우 크기 때문입니다.
문	이상 진술이 사실인가요?
답	네, 사실입니다.

구성수의 진술은 판결문에도 들어 있다. 이런 진술서와 판결 내용이 있는 데도 이재명은 여전히 거짓말을 일삼는다. 이재선에 대한 강제 입원을 온갖 방법을 동원해 시도했고, 관계돼 있던 사람들이 나중에 문제가 될까 싶어 측근들을 시켜 매수까지 하려 했다. 교활 무쌍하여 무슨 짓이든 하는 이재명이었다. 그런 면에서 구성수 전 보건소장은 용감하고 바른 사람이란 생각이 든다. 이 시대의 의인이다. 이재명의 서슬 퍼런 치하에서 온갖 회유를 뿌리치고

'사실 그대로만' 말할 수 있는 용기. 마치 "꿀릴 게 없답니다"하는 듯한 당당함에 거룩한 마음이 실려 오는 듯했다.

분당보건소장의 진술 (3)

다음은 구성수의 3차[65] 진술 내용이다.

문: 수사관

답: 구성수

문 성남시 분당보건소 등 압수 수색 결과, 이재선의 강제 입원 관련 기안했던 문서들이 보관되어 있지 않은데 그 이유를 알고 있나요?

답 제가 이형선에게 듣기로는 2012년 말경 이재명 시장이 이재선의 입원을 포기하고, 비서실에서 이재선 관련 서류를 모두 폐기하라는 지시를 받았다고 하였습니다.

문 그럼 이형선이 이재선의 문서를 모두 폐기했다는 것인가요?

답 이형선이 폐기했다는 것이 아니라 비서실로부터 문서 폐기 지시를 받았다는 말을 이형선으로부터 들었습니다.

---

65 2018년 8월 10일 오전 2시 13분, 분당경찰서 참고인 진술 조서(3).

문 진술인은 언제 이형선으로부터 이와 같은 말을 들었나요?

답 아마 2012년 12월 말경, 입원(이재선 강제 입원)에 대한 모든 것이 끝났기 때문에 그 시기쯤 들었습니다

문 비서실의 누가 지시를 하였나요?

답 사람을 특정한 것이 아니라 비서실에서 지시가 내려왔다고 들었습니다.

문 이와 같은 사실을 이형선으로부터 들은 것이 맞나요?

답 예, 맞습니다.

문 그 외 알고 있는 사실이 있나요?

답 없습니다. 당시 저는 비서실에서 폐기하라는, 이형선으로부터 듣기는 했지만, '이렇게 많은 서류가 오갔는데 과연 폐기가 될까'라고 생각했는데 지금 수사 과정에서 서류 폐기 사실을 듣고 놀랐습니다.

문 이상 진술이 사실인가요?

답 네.

진술 내용에서 알 수 있듯이 이재명은 2012년 3~4월경부터 시작해 자신의 형을 정신병원에 강제 입원시키기 위해 온갖 만행을 저질렀다. 더는 진행할 수 없다는 판단하에 2012년 12월 말경 이재선의 강제 입원 관련 서류를 그의 비서실을 통해 폐기하게 했다. 여기에서 눈여겨볼 것은 두 가지다. 하나는 이재명이 이재선에 대한 강제 입원을 종료한 시점이고, 다른 하나는 자신이 온갖 공권

력을 동원해 만들었던 이재선에 대한 강제 입원 서류를 폐기했다
는 점이다.

> "박인복 씨 본인이 딸과 함께 남편 이재선 씨를 창녕국립정신병원
> 에 강제 입원시켰습니다. 내가 정신병자로 몰아 입원시키려 했다
> 는 게 말이 되나요?"[66]

이재명은 SNS는 물론 이재선의 강제 입원을 묻는 이들에게 위
와 같은 말을 했다. 이재선을 강제 입원시키기 위해 온갖 노력을
하다가 안 돼서 그만둔 시점이 2012년 12월 말경. 이재명의 악랄
함에 이재선은 버티고 버티다 이재명이 만행을 멈춘 이후 2년 뒤
에 실제 40여 일간 정신병원에 입원했다. 이재명의 만행이 아니었
다면 이재선이 정신병원 신세를 졌을 리는 없다.

그다음은 서류 폐기[67]. 이 사실을 내가 알게 된 것은 2022년 4월
이었다. 분당경찰서에 이재명, 윤기천, 정진상, 백종선, 이형선 등
을 '불법체포감금 미수죄'와 '공용서류 등의 무효죄'로 고발을 했
는데 안타깝게도 공소시효가 지나 고발을 취소할 수밖에 없었다.
공소시효는 끝났지만, 국민은 이 부분을 꼭 기억해 두기 바란다.
이재명에게 공소시효가 없는, 민심의 심판을 내려 주시길.

---

66   2016년 1월 22일 오후 11시 35분, 이재명 성남시상 트위터.
67   이재명은 경기도지사로 자리를 옮겨갈 때, 성남시에 있던 컴퓨터 하드를 모두 교체했다. 물론 이재선
     에 관한 정신병원 강제 입원 서류는 2012년 12월 말에 폐기된 것으로 추정된다.

3부

성남이
다시 태어나야

우리는 언제나 옳았고,
옳다!

10
장

끝나지 않은
시련

가족 간의 갈등뿐만 아니라
사람이 사는 곳에선
크고 작은 갈등은 얼마든지
있을 수 있는 일이다.
그렇지만 그 갈등의 당사자 중
어느 한 편에 권력이 쏠리면
얼마든지 있을 수 있는 일이 아니라
상상도 할 수 없는 일로 둔갑한다.

제자리 찾기

2017년 1월 3일 이재명이 국회 정론관에서 이재선의 국립부곡정신병원 입원확인서와 입원동의서를 흔들며 기자회견을 한 이후, 2017년 2월 23일 이재선·박인복 부부는 변호인을 선임해 정식으로 이재명을 명예훼손죄로 고소하기에 이른다. 그 내용을 분류해 정리하면 6가지 유형으로 볼 수 있다.

1. 박인복과 이재명 간의, 일명 이재명이 쌍욕을 한 내용이 녹음된 시점과 통화 경위

2. 이재명과의 통화 내용을 녹음한 후 앞뒤 다 빼고 "이재명이 형수에게 욕설했다"고 뒤집어씌웠는지

3. 이재선·박인복 부부가 어머니 구호명 집에 가서 어머니에게 이재명과의 통화 연결을 요청했다가 어머니가 이를 거절하자 살해 협박을 했는지

4. 이재선이 여동생을 때려서 이로 인해 여동생이 뇌출혈로 사망했는지

5. 이재선이 정신병원에 입원하게 된 이유가 박인복을 폭행하고 가산을 탕진했기 때문인지

6. 이재선·박인복 부부가 어머니에게 돈 5000만 원을 요구했다가 거절당하자 어머니와 인연을 끊었는지

위의 쟁점들을 하나하나 논박해 보기로 한다.

1) 박인복과 이재명 간의, 일명 이재명이 쌍욕을 한 내용이 녹음된 시점과 통화 경위

형수 쌍욕 사건에서 거론되고 있는 녹음은 2012년 6월 7일경에 녹음된 것이었다. 이재선의 사무실에서 했다. 이재명이 이재선을 정신병원에 강제 입원시키려 한다는 이야기가 돌고 있었는데 그 전날 그것이 김혜경에 의해 사실[68]로 밝혀지면서 이재명과의 통화를 녹음했다.

그렇지만 이재명은 그 대화가 녹음된 시점이 이재선이 어머니를 폭행해 입원한 날이라고 하거나, 아니면 어머니를 폭행해 경찰 조사를 받고 나온 날인 2012년 7월 15일에 박인복에게 욕설한 것이라고 거짓을 유포했다. 어머니에 대한 폭행이 있지도 않았지만, 이재명의 주장대로 폭행이 있었다고 해도 녹음 시점은 분명히 2012년 6월 7일쯤이 맞다. 이재명이 굳이 있지도 않았던 어머니 폭행 사건을 만들어 이재선을 패륜아로 만든 것은 자신에 대해 바른 소리와 쓴소리하는 이재선을 정신병자로 몰아 정신병원에 가두려는 것 이상도 이하도 아니다.

---

68 이주영이 김혜경과 통화하며 했던 말을 녹음한 파일이 이재선·박인복에게 전달됐고, 그 내용을 들어본 이재선·박인복 부부는 이재명이 이재선을 정신병원에 강제 입원시키려 한다는 것을 확신하게 된다. 그 녹음 내용을 마침 이재선의 사무실에서 이재선·박인복·김 모 기자가 함께 들었다.

2) 이재명과의 통화 내용을 녹음한 후 앞뒤 다 빼고 "이재명이 형수에게 욕설했다"고 뒤집어씌웠는지

이재명은 박인복에게 "왜 어머니를 때리고 xx찢는다고 하나? 당신 아들이 당신에게 당신 오빠가 친정어머니에게 xx찢는다고 하면 마음이 어떻겠냐?"[69]라고 항의하자 박인복이 이를 녹음한 후 앞뒤 다 빼고 "이재명이 형수에게 욕설했다"며 뒤집어씌웠다고 주장했다. 하지만 13분짜리 녹음 내용은 이재명의 말과 다르다. "… 칼로 니 친정엄마 씨발년아 니 x구멍 찢으면 좋겠니?" 앞뒤의 말이 함께 공개돼 있다.

이재명	그래 씨발년아
박인복	그걸로 인해서 다른 형제들이,
이재명	…
박인복	눈치 본 적도 많고 솔직히 말을 안 해서 그렇지
이재명	시끄러워, 녹음해서 공개해봐
박인복	아니 뭐 녹음 안 해요. 아유 치사스럽게, 설사 녹음을 한다 해도 공개 안 해요.
이재명	… 칼로 니 친정엄마 씨발년아 니 x구멍 찢으면 좋겠니?
박인복	그런 직설적으로 받아들이는 그 없는, 철학적인 사상이 없

---

69 이재명은 각종 게시물에다가 "왜 어머니를 때리고 xx찢는다고 하나? 당신 아들이 당신에게, 당신 오빠가 친정어머니에게 xx찢는다고 하면 마음이 어떻겠냐?"라고 말했다면서 순화 또는 포장해서 허위 사실을 적시하고 있다.

는 동호 아빠랑 말하고 싶지 않아요.

이재명   뭔 철학적?

박인복   그렇게 몰아가지고 우리 신랑 미친놈으로 만들려는 게 지
금 작전 아닌가요? (녹취록, 2012년 6월)

3) 이재선·박인복 부부가 어머니 구호명 집에 가서 어머니에 게 이재명과의 통화 연결을 요청했다가 어머니가 이를 거절 하자 살해 협박을 했는지

이재선은 수행비서 백종선의 협박 행위를 중단시켜 달라고 요
청하기 위해 어머니 집에 갔다. 어머니는 이재선의 부탁대로 이재
명에게 전화를 걸어 연결하는 것을 거절하지 않았다. 그 과정에서
어머니에게 "불질러 죽여버리겠다"는 등 살해 협박이라니? 이재
선은 약식명령에 기재된 범죄 사실에 의하더라도 집과 교회에 불
을 질러버리겠다는 말만 했을 뿐 모친에게 불을 질러 죽인다는 등
살해 협박을 한 사실이 없다. 실제로는 '불을 지르겠다'는 발언을
한 것은 이재명을 어머니 집으로 어떡하든 오게 하려는 의도였다.
그날 이재명과의 전화 통화 이후 어머니가 이재선을 승강기 앞까
지 배웅했던 상황을 고려하면 이재선이 어머니에게 살해 협박을
했다는 것은 어불성설이다.

더군다나 당시 박인복은 현장에 있지도 않았다. 이재명이 박
인복까지 싸잡아 살해 협박을 했다고 한 것은 명백한 허위사실
적시다.

4) 이재선이 여동생을 때려서 이로 인해 뇌출혈로 사망했는지

2012년 7월 15일. 이재선과 이재문 사이에 다툼이 벌어졌고, 이를 말리던 여동생 이재옥이 함께 있었던 것은 사실이지만, 이재선은 이재옥을 일부러 폭행한 사실이 없다. 말리는 과정에서 실수로 맞을 수는 있지만, 뇌출혈을 일으켜 사망에 이르게 할 만큼의 일은 없었다.

무엇보다 2012년 7월 15일과 여동생의 뇌출혈 사망 때까지는 2년여의 시간적 간격이 있다. 이재옥의 뇌출혈로 인한 사망을 이재선의 책임으로 돌릴 수가 없다. 이재선이 여동생을 폭행했기 때문에 죽은 거라고 말한 것은 허위사실 적시에 해당한다.

5) 이재선이 정신병원에 입원하게 된 이유가 박인복을 폭행하고 가산을 탕진했기 때문인지[70]

이재선의 소득은 연 1억 4000만 원에서 9000만 원이다. 그의 소득이 2013년 3월에 교통사고가 크게 나면서부터 건강이 좋지 않고 전체적인 한국 경제의 둔화로 조금씩 줄어들기는 했지만 그래도 이재선의 소득은 일반 직장인이나 중산층에 비해 많다. 폐암4기를 선고받아 투병 생활하기 직전까지 일했다. 가산을 탕진했다고 볼 수 없다. 그러한 이유로 정신병원에 입원한 것은 아니다. 교통사고 후 회복에 전념하느라 인터넷을 하지 않다가 다시 사람들

---

70 http://www.facebook.com/jaemyunglee/posts/1352793304762495.

과 소통하면서 접하게 된, 이재명과 그 지지자들이 올린 글에 댓글을 달고 대응하며 몹시 억울해했다. 그로 인해 잠도 자지 않고 감정을 잘 다스리지 못했다.

그것을 지켜보던 박인복과 딸 이주영은 이재선의 건강을 걱정하는 마음에 정신과 전문의와 상담하고 치료가 필요하다는 소견에 입원 치료를 받게 했다. 가산 탕진과 폭행 때문에 이재선이 정신병원에 입원했다고 이재명이 주장하는 것은 다른 이유가 있다. 자신이 이재선을 정신병원에 강제 입원시키려 했다는 의혹에서 벗어나기 위한 거짓말이다. 또한 박인복이 남편을 정신병원에 강제로 입원시킨 나쁜 사람으로 비난하는 것으로 이는 허위사실 적시에 해당한다.

6) 이재선·박인복 부부가 어머니에게 돈 5000만 원을 요구했다가 거절당하자 어머니와 인연을 끊었는지

2006년경 이재선은 상가 중도금이 급하게 필요해서 어머니와 공동명의로 신탁해 둔 5000만 원을 빌려달라고 했다. 당시 어머니는 그 돈이 자기에게 없고 이재명이 가져갔다고 했다. 이재선은 이재명에게 연락해 어머니 돈 5000만 원을 자신이 급하게 쓰고 돌려주겠다고 했지만, 이재명은 돈이 없다고 했다. 그런데 다음 날 어머니에게 물으니 이재명이 5000만 원을 어머니에게 송금했다고 했다. 그 말에 이재선은 이재명에게 화가 났다. 자신이 물었을 때는 돈이 없다던 이재명이었다. 그런데 어머니가 돌려 달라고 애기도 하지 않았는데 다음 날 바로 어머니에게 송금한 것을 두고 이재선은 이재명에게 서운한 마음이 들었다. 동생 이재명이 자신을 무시한다는 생각이 들었기 때문이다.

더욱이 이재명은 이재선이 그때부터 어머니와 인연을 끊었다고 적시했다. 하지만 이재선은 그 일로 어머니와 인연을 끊을 이유가 없었다. 그런 감정은 가족 간에 얼마든지 있을 수 있는 일이기도 했기 때문이다. 이후로도 이재선은 어머니에게 매달 20만 원씩 생활비를 보냈다. 이재명이 사건을 날조하고 왜곡한 2012년 3월까지 계속 송금했다.

이재명은 이 또한 허위사실로 적시했다.

결국 이재명은 자신이 박인복에게 했던 욕설에 대해 정당성을 부여하고 대중으로부터 지지를 얻어 소위 '형수 쌍욕 사건'을 무마하기 위해 거짓말을 일삼았다. 거기에 그치지 않고 이재명은 자신의 다수 지지자를 이용해 위의 내용이 사실인 듯 정보통신망 등을 통해 퍼뜨렸다.

다수의 힘을 이용해 허위사실을 진실로 둔갑시키고, 이재선·박인복 부부를 인간쓰레기 또는 패륜아로 만들어 사회에서 매장하려고까지 했다. 극악무도한 일이 아닐 수 없다.

더욱 역겨운 것은 그러면서도 자신은 마치 선량하고 정의로운 척하며 대중을 선동하고 있다는 사실이다.

박인복씨 본인이 딸과 함께 남편 이재선씨를 창녕 국립정신병원에 강제 입원시켰습니다. 내가 정신병자로 몰아 입원시키려 했다는 게 말이 되나요?[71]

새로운 것이 시작되는 그 끝

소중한 것을 잃었을 때의 안타까움은 누구에게나 클 수밖에 없다. 시간이든 물건이든 혹은 사람이든. 돌이킬 수 없이 그렇게 흘러가 버린 것에 대한 회한은 오래도록 남는다. 이재선에게 있어 회한은 더더욱 컸을 것이다.

가족 간의 갈등뿐만 아니라 사람이 사는 곳에선 크고 작은 갈등은 얼마든지 있을 수 있는 일이다. 그렇지만 그 갈등의 당사자 중 어느 한 편에 권력이 쏠리면 얼마든지 있을 수 있는 일이 아니라 상상도 할 수 없는 일로 둔갑한다. 이재선 가족의 경우가 그랬다.

권력을 가진 이재명. 그는 자신이 가진 권력을 이용해 일 년에 한두 번 기껏해야 두세 번 만나는 형제들을 동원해 자신의 눈엣가시 같은 형 하나를 시쳇말로 '돌게' 만들었다. 그 형제들이 이재선의 정신병으로 인해 많은 고통을 겪은 것처럼 떠들어댔다. 그에 춤을 추는 추종자들도 법 무서운 줄 모르고 한 사람에 대한 인신

71   2016년 1월 22일 오후 11시 35분, 이재명 성남시장 트위터.

공격을 끊임없이 해댔다. 말하자면 인격살인을 서슴없이 해댔다.

그런데도 이재선은 끝까지 내려놓을 수 없는 그 '핏줄'이 뭐라고 "내 동생이, 내 동생이 그런 사람인 줄 몰랐다"라는 피 울음을 토해내며 형제들에 대한 배신감에 치를 떨어야만 했다. 어디 그런 일이 자신에게 일어날 거라고 생각조차 하고 살았겠는가. 그렇지만 현실에서 그런 일이 일어났다.

어머니 역시 힘 있는 자식의 편에 섰다. 형제들 또한 자신들이 무슨 일을 하는지조차 깨닫지 못한 채 이재명의 권력 편에 섰다.

믿었던 형제와 부모에게 버림받았다는 슬픔은 이재선의 온몸을 휘감았고, 육체마저 피멍 들게 했다. 억울함이 그의 온몸을 짓누르는 사이 질병이 그의 온몸을 휘감았다. 어찌 짐작이나 할 수 있었을까. 술과 담배도 하지 않던 이재선이 폐암 4기를 진단받게 될 줄이야. 억울함이 만든 병이었다. 이재선은 약 3개월간 투병 생활을 했다. 그 사이 그가 입원해 있던 병원으로 강원도에 살고 있던 큰형수와 누나가 병문안을 왔다. 그때 이재선은 누나에게서 똑똑히 들을 수 있었다.

"착한 내 동생이 쌩(생)으로 죽는다"라고 슬퍼하며 자신의 가슴을 마구 패며 하는 말을.

> "내가 없이 살아서 재명이한테 뭐라도 얻어먹을 것이 있을까 싶어
> 재명이가 거짓말하는 걸 알고도 밝히지 못했어.
> 미안해. 용서해줘!"

이재선은 누나를 용서했다. 용서를 비는 누나의 손을 잡고 함께 하염없이 울며 세상과의 화해를 서둘렀다. 그렇지만 이재명은 전화 한 통 하지 않았다. 당연히 병문안도 오지 않았다. 오히려 이재명은 이재선과 박인복을 고소해 용인 서부경찰서에서 조사[72]받게 하는 기가 막힌 만행을 저질렀다. 이재선은 끝내 이재명으로부터 그 흔한 "미안했다"라는 말 한마디 듣지 못한 채 아득히 먼 길로 떠나 버렸다.

2017년 11월 3일의 이별

얼마 전, 이재선의 6주기를 지냈다. 즈음하여 나는 잠시 시간을 멈추고, 생각을 멈추고 삶을 돌아다 볼 수 있었다. 돌아다보니 인생이란 게 참으로 불가사의한 일이라 생각되었다. 믿을 수 없이 갑작스러운 우연과 예측 불가능한 일들의 전개가 차고 넘친 지난 세월이었다. 하지만 그것들이 진행되는 동안에는 아무리 주의 깊게 둘러보아도 불가해한 일들의 실체를 알아채거나 포착할 방법이 없었다. 말하자면 실마리를 잡을 수가 없었다. 그저 쉼 없이 흘러가는 일상 속에서 일어날 일이 일어난 듯 시간에 순응해야만 했기 때문이다.

그렇다고 완전한 순응은 불가능했다. 입장이란 게 있어서 "내가

---

72   위중했던 이재선 씨는 당시 입원확인서만 제출했다.

240   ——————— 굿바이, 범죄꾼

미안했어. 잘해보자"는 말 한마디면 정리될 일들을 기어이 권력으로 뭉개고 끝장내려는 자의 멈춤이 없는 한, 그 일상은 마침표가 있을 리 없었다.

그랬다. 이재명은 이재선의 죽음 앞에서도 여전히 생쇼를 멈추지 않았다. 빈소를 준비하던 오전 9시 30분경, 여성 일행이 장례식장으로 들어섰다. 박인복이 이재선과 어떤 관계인가를 묻자 그중 한 명이 이름은 밝히지 않고 "회계사님이 평소에 예뻐하셨고 친했다"라고 말하며 함께 온 일행과 자리를 잡고 앉았다. 얼마 지나지 않아 이재명의 수행비서 백종선이 장례식장에 나타났다. 절대로 나타나서도 안 되고 나타날 수도 없는 인간이 아니던가. 박인복은 당연히 그의 조문을 거절했다. 백종선이 나가자 여성 일행도 함께 따라 나갔다. 방명록을 보니 그녀가 김현지[73]였다. 그런데 잠시 후 백종선이 모습을 다시 드러냈다. 이번에는 공범이었던 윤기천을 달고 왔다. "지금 밖에 시장님이 기다리고 계십니다. 조문하실 수 있게 해 주십시오"라고 했다. 박인복은 말 대거리를 하고 싶지 않았지만 호흡을 고르며 입을 뗐다.

"조용히 장례를 치르고 싶으니 돌아가시지요."

---

73 1998년, 성남시민모임에서 활동하며 이재선·이재명과 인연이 되었다. 이후 이재명이 성남시장에 당선되자 인수위원회 간사와 '성남의제21' 사무국장으로 활동하다가 이재명이 경기도지사에 당선된 뒤에는 경기도 비서실에 근무했다. 이재명의 최측근 인물. 최근 '대장동 판박이'란 의혹을 받는 성남시 백현동 '옹벽 아파트' 논란과 관련해 2016년 '성남의제21' 사무국장으로 활동할 당시 '환경 영향 평가'에 관여한 사실이 밝혀져 논란이다. 또한 대장동 아파트 분양과 박철민이 이재명에게 전달하는 돈을 건네받은 인물이라고 폭로돼 논란의 중심에 있다. 현재는 이재명 의원실 보좌관으로 재직 중.

그 말에 백종선과 윤기천이 돌아가는 듯했다. 그런데 잠시 후 장례식장 관리소장이 박인복과 유가족을 밖으로 불러냈다. 그렇게 유가족의 시선이 다른 데로 쏠리는 사이 저만치에서 기자 30여명을 좌우로 거느린 한 사람이 장례식장 안으로 들어섰다. 이재명이었다. 너무도 뻔뻔하고 당당하게 들이닥쳤다. 당황한 박인복이 격한 감정을 쏟아냈다. "용서를 빌 작정이면 생전에 왔어야지. 말 못하는 영정사진 앞에서 이제 와 무슨 소용이 있냐"라며 돌아갈 것을 종용했다. 그러자 이재명은 박인복을 잠시 노려보다가 쌩하니 장례식장을 빠져나갔다. 썰물 빠지듯 함께 왔던 기자들도 우르르 몰려나갔다.

조문조차 정치적으로 이용하는 이재명이었다. 유가족들로선 분노로 치를 떨지 않을 수 없었다. 그리고 잠시 후, 네이버 검색 1순위에 이재명 이름 석 자가 떴고, 온갖 기사가 쏟아졌다.

> 이재명 "형 이재선과 화해하고 싶다" 바람 못 이뤄…
> 빈소서 '문전박대'[74]

그는 결코 용서받기 위해 온 것이 아니었다. 불쌍하고 억울하게 죽은 형의 죽음마저 자신의 정치적 도구로 이용했을 뿐이다.

이재선의 사망과 함께 사건은 이재명의 거짓말에 더욱 무게가

---

74 《한경닷컴》, 2017년 11월 2일.

실리는가 싶었다. 그도 그럴 것이 박인복은 남편이 없는 마당에 '고소가 무슨 소용'일까 싶어 이재명을 상대로 했던 고소를 취하했기 때문이다. 물론 박인복은 이재명 측에다가 먼저 연락해 고소를 취하하겠다고 전했고, 이재명도 "형님이 취하하면 저도 취하하지요"라는 문자를 보내왔다. 하지만 박인복과 달리 이재명은 이재선 부부에 대한 고소를 즉시 취하하지 않고 미루다가 2019년 9월에 가서야 취하했다. 이재명이 고소를 취하하게 된 것은 이재명을 내가 고발하면서 재판받는 중에 밝혀진 사실 때문이었다. 그 내용은 다음 장에서 자세히 설명하겠다.

어쨌든 이재선의 죽음 이후에도 사건은 쉽사리 덮이지 않았다. 이재명의 악행이 또 한 번 세상을 떠들썩하게 만드는 일이 일어났다. 이번에는 아예 정신병원에 감금되었던 한 사람이 등장했다.

'좋아요!'의 비극

짧은 꼬리 원숭이 톤키안 마카크 Tonkean macaque는 주로 인도네시아에 서식하는 동물이다. 그 원숭이들은 다수결의 원리를 알고 있는 듯하다. 무리 지어 이동할 때를 보면 확실히 알 수 있다. 서로의 의견이 엇갈리면 각자 원하는 쪽에 줄을 서는 것으로 의사를 표시한다. 그리고 줄이 긴 쪽 의견을 따르는 것으로 자신들의 다툼을 정리하곤 한다.

그런 면에서 인도네시아에 서식하는 짧은 꼬리 원숭이나 권력을 가진 자는 다르지 않은 듯하다. 이재명을 보라. 자신의 권력을 동원해 온갖 악행을 저지르면서도 그 권력에 줄 선 사람들을 이용해 문제를 해결하지 않는가.

어머니를 협박한 적도 없고, 폭행한 적도 없는 이재선을 하루아침에 정신병자로 만드는 과정에 줄을 선 사람들. 짧은 꼬리 원숭이들과 뭐가 다른가. 그들 모두는 공범자이자 살인자들이다.

그렇지만 권력을 가졌다고 해서 모든 것을 누르고 감출 수는 없다. 다 감추고 눌렀다고 하지만 줄이 긴 쪽에 서지 않은 사람들이 있기 때문이다. 이재선처럼.

김사랑. 내가 그녀를 알게 된 것은 2016년 5월경이었다. 그녀는 내게 자신을 이렇게 소개했다. "저는 300여 명을 이끄는 수정구 자영업자 밴드지기 김사랑입니다."

그녀는 2015년 5월 2일 이재명의 페이스북에 댓글을 단 후 성남시와 이벤트업자로부터 9건의 고소·고발을 당한 이후 나를 찾아왔다. 그녀가 세간에 이름이 오르내리기 시작한 것은 2018년 2월 8일 성남시의회 세미나실에서 기자회견을 열면서부터였다.

"이재명이 공권력을 동원해 나를 납치·감금했다"라고 주장했다.

그녀는 성남시와 이벤트업자로부터 고소·고발을 당해 벌금 300만 원을 선고받고 항소를 준비하던 중 성남 경찰관들에게 체포돼 정신병원에 감금됐다고 했다. 그 배후를 이재명으로 지목했다. 소상공인을 지원하기 위해 설립된 성남시 상권활성화재단의

회계가 불투명해 이재명에게 해명을 요구했는데 2017년 11월, 성남지역 경찰에 의해 정신병원에 감금됐다.

"남자 조무사들이 보는 앞에서 환자복으로 갈아입어야 했다. 지시를 거부하니까 온몸을 포박하겠다고 협박하더라. 내용물이 뭔지도 모를 주사도 2대나 맞았다. 그 때문에 팔뚝엔 시퍼렇게 멍이 들었다. 또 병실은 어찌나 지린내가 진동하던지. 심지어 화장실엔 휴지도 수건도 없었다. SNS로 '살려 달라'는 도움 글을 요청한 덕분에 겨우 빠져나올 수 있었다"라며 당시의 상황에 대해 설명했다.

그녀의 기자회견을 지켜보는 내내 마음이 몹시 착잡했다. 이재선이 떠올랐기 때문이다. 시정을 잘하라며 성남시장에게 민원 글을 올린다고 온갖 협박을 받은 이재선과 김사랑. 둘의 차이란 이재선은 이재명이 정신병원에 감금하려다 실패한 사례이고, 김사랑은 실제로 정신병원에 감금됐다는 사실. 이재명은 늘 자신이 한 일은 아니라고 했지만, 합리적으로 그 배후는 늘 같은 한 사람이었다.

이에 대해 이재명은 "김사랑은 허위사실을 유포한 혐의로 재판에 회부된 상태로 경찰의 출석 명령을 거부하며 불필요한 물의를 일으켜 경찰의 집행에 따라 정신병원에 감금됐던 것이고, 시장과 관련됐다는 것은 소설이다. 악의적 유포에 대해서는 더 적극적으로 대처할 예정"이라고 자신의 생각을 밝혔다.

이재명은 모든 것이 자신의 목적에 따라 그때그때 다르지만, 한결같이 유지하는 게 하나 있다. 자신의 잘못을 지적하고 반대하는 주민이나 언론은 무차별적으로 고소·고발한다는 사실. 스스로를 '고소대마왕'이라며 자랑스럽게 으스대는 모양새라니. 이재명의 김사랑에 대한 견해는 이재선 때와 같았다. 허위사실 유포. 과연 누가 허위사실을 유포한 것인가. 당장은 이재명 자신이 가진 권력으로 누르고 있지만, 영원한 것은 아무것도 없다.

얼마 전 김사랑은 한 유튜브 방송에 출연해 2024년 총선을 앞두고 다음과 같은 뼈 있는 말로 경고를 날렸다.

"많은 분들이 아직 몰라요. 저의 납치 사건을. 이 사건이 왜 중요하냐면 이게 대장동 비리를 캐다가 이렇게 된 건데요. 현재 이재명이 야당의 당대표잖아요. 내년 총선에서 만약에 이재명의 당이 이기게 되면 굉장히 위험하다는 걸 (국민이) 잘 몰라요. 자기를 비판하면 정신병원에 보낸다? 이거 공산주의 국가에서나 일어날 일들인데… 이건 남의 일이 아닌 거죠. 21세기인데도 중국 같은 데서는 시진핑 얼굴에다 먹물 뿌린 여대생, 진짜로 정신병원에 끌려가고 그러잖아요. 그런 시절이 실제로 도래할 수 있다는 것을 사람들이 잘 모릅니다. 또 이런 사건은 기사화가 잘되지 않아요. 검색해야지만 알 수 있어요. 이 납치 사건에 있어서 가장 중요한 건, 인권을 말하는 민주당이 인권에 대해서 가장 취약한 게 김사랑 정신병원 납치 사건인데 왜 납치됐는지를 모르시는 분들이 많아서 이 건에 대해서 여러분들이 좀 전파를 많이 해 주셨으면 좋겠다. 이게 남의 일이 아니다. 나의 일이 될 수 있다. 이재명의 민주당이 내년 총선

　　　　　　　　　　　　　　　　　　굿바이, 범죄꾼

에서 이기게 되면 여러분들의 일이 될 수도 있어요." [75]

그러면서 그녀는 이렇게 한마디를 덧붙였다.

"내가 쓴 글에 '좋아요!'를 누른 분들에겐 성남시에서 전화가 가요." 왜 했는지는 그녀의 방송 메시지에 들어 있다.

일본의 소설가 무라카미 하루키村上春樹의 말마따나 싸구려 술에 취해 제멋대로 추태를 부리면 잠시 현실을 망각할 수는 있겠지만, 그렇다고 그 추태가 현실을 깡그리 바꾸지는 못한다. 즉, 싸구려 정치가들의 선동은 선거 때 득표에 도움은 될 수 있을 것이다. 그렇지만 종국에는 국가의 미래를 갉아먹을 뿐이다.

75 유튜브 〈아투TV〉 2023년 11월 21일.

진실 위에 정의를 세우려는 장영하 변호사의 판사 시절 모습.

진실 불변의
법칙, 민심

당시에는 전혀 알 수 없었지만,
재판 과정에서 드러나기 시작했다.
내가 이재명을 고발하며 시작된
재판이었다.

같은 곳을 보고
같은 곳을 향하는 사람들

악명조차도 자산일까. 이재명의 말은 갈수록 선정적이고 독해졌다. 2022년 대선을 앞둔 그의 말과 행동은 유독 튀었다. 마치 인간의 감정에도 한계효용 체감의 법칙이 작용하는 듯이 그의 일상은 스펙터클했다. 주변은 하루라도 조용할 날이 없다. 그저 이목을 끌어야만 살아남을 수 있다는 강박관념에 사로잡힌 듯했다. 그렇지만 명심해야 할 것은 이상한 나라의 앨리스처럼 수단과 방법을 가리지 않고 앞으로 달린다고 해도 그 뜀박질은 제자리에 있던 사람보다 앞서지 못한다는 사실이다.

반면, 이재선의 삶은 정반대였다. "세상 어떤 존경보다 자녀들에게 존경받는 아버지이고 싶다"는 소박함을 꿈꾼 소시민이었다. 그런 그에게 이재명은 자신의 자전적 에세이에 다음과 같은 대못을 박았다.

> 우리 일곱 남매 중에서 일찌감치 경제적인 안정을 이룬 사람은 공인 회계사인 셋째 형이었다. 가난했던 옛 시절을 생각하면 가히 성공적이라고 부를 만도 하지만, 사람의 탐욕이란 끝이 없었다. 의식주가 해결되자 형은 명예와 권력까지 넘보았다. 그리고 그 욕망은 내가 성남시장에 당선되자마자 때를 만난 듯 기지개를 켜기 시작했다.[76]

---

76 이재명(2017), 《이재명은 합니다》, 130쪽의 8~13줄.

이재명의 거짓말은 잔인했다. 악귀 야차夜叉[77] 같은 거짓말을 자신의 책에다 썼다. 이재선은 그런 더러운 누명들을 벗기 위해 몸부림쳤으나 끝내 벗지 못한 채 먼 길을 고통스럽게 떠나고 말았다.

그렇지만 남은 사람들, 그를 기억하고 진실을 좇는 사람들과 남겨진 그의 가족들이 있는 한, 반드시 억울한 그의 누명은 벗겨질 것이다. 진실을 좇아 그 위에 반드시 정의를 세워야 하는 것이 남겨진 사람들의 몫이기 때문이다.

그리고 진실은 서서히 모습을 드러냈다. 이재선이 성남시에 민원 글을 올리기 시작하면서 이재명의 주도로 그의 어머니와 남매들이 똘똘 뭉쳐 수많은 서류를 만들고 공무원들까지 동원해 이재선의 강제 입원을 도모했음이. 당시에는 전혀 알 수 없었지만, 재판 과정에서 드러나기 시작했다. 내가 이재명을 고발하며 시작된 재판이었다.

굿바이, 이재명

"나는 이재선을 정신병원에 입원시키려 하지 않았다."
"여배우 김부선을 남녀 관계로 만나거나 집으로 간 일이 없다."

---

77   모질고 사나운 귀신의 하나.

2018년 5월 29일, 이재명은 KBS 초청 '2018 지방선거 경기도지사 후보자 토론회'에서 바른미래당 김영환 후보의 질문에 허위사실을 공표했다. 더불어민주당 경기도지사 후보로서 도지사에 당선될 목적으로 자신에게 유리하도록 토론회 방송 등에서 허위사실을 유포했다.

나는 2018년 6월 12일, 공직선거법상 허위사실공표죄, 직권남용죄, 뇌물죄 등으로 그를 고발하고 진실 추적을 다시 시작했다.

유력한 도지사 후보가 부적절한 여자 관계와 정당한 이유 없이 형을 강제로 정신병원에 입원시키려 한 것은 투표권 행사의 중요한 판단 기준인 자질과 관련된 문제였다. 경기도지사 선거 결과를 바꿀 수 있는 것으로, 후보자 토론회 등에서 거짓 발언을 한 것은 당선될 목적으로 자신에게 유리한 허위사실을 공표한 것이다.

또한 친형 이재선 회계사를 강제로 정신병원에 입원시키기 위해 당시 시행되던 정신보건법 제25조를 이용했다. 성남시 산하 보건소장의 전보 조치와 성남시민들의 입원 조치가 성남시장의 직무에 해당되는데 이재명은 그런 직권을 남용해 이재선을 정신병원에 입원시키려 했다. 이를 반대하는 보건소장을 전보 발령 조치하고, 새로운 보건소장을 보임하여 정신보건법에 정한 절차를 따르지 않은 채 이재선을 정신병원에 강제로 입원시키려는 시도를 했던 것이다.

성남시장의 직권을 남용해 정신병원에 강제로 입원시키는 방법으로 이재선의 신체 자유권을 행사하지 못하게 하려 한 것은 직권남용죄에도 해당된다.

특정범죄가중처벌법위반(뇌물)죄

성남시장이었던 이재명이 구단주로 있던 성남FC는 성남에 본사가 있는 네이버 등 기업들로부터 아래와 같이 2015~2017년에 걸쳐 광고비 명목 후원금으로 160억 5천만 원을 지급받았다. 실제로 광고비는 명목에 불과했다. 인허가 등 성남시장의 직무와 관련성이 있기 때문에 뇌물이 명백하다. 특가법위반(뇌물) 또는 특가법위반(제3자뇌물제공)으로 처벌 대상이다.

〈표 3〉 이재명이 구단주로 있던 성남FC가 2015~2017년에 광고비 명목으로 받은 후원금 내역

연도	기업	금액	직무관련성(대가성), 부정한 청탁
2015	차병원	33억 원	분당경찰서 등 용도변경
2015 ~ 2016	네이버	39억 원	네이버 신청사 신축 (희망살림 통해 지원)
2015 ~ 2017	농협	36억 원	성남시 금고 지정
2015 ~ 2017	두산건설	42억 원	정자동 부지 용도변경
2015	알파돔시티	5억 5천만 원	신축공사
2015 ~ 2016	현대백화점	5억 원	신축공사
	합계	160억 5천만 원	

① 지난 4년간(고발 시기 기준) 성남시 의회가 성남FC에 예산 지출 내역 공개를 요구했는데 성남FC는 성남시 산하재단이 아닌 상법상 주식회사로 자료 제출 의무가 없다며 자료 공개 일체를 거부했다.

② 성남FC가 2부 리그로 강등되자 이재명은 성남FC를 완전히 개편하여 모금수당 규정을 만들었다. 모금액의 20%인 약 32억 원 가까이 수당 형식으로 만들어 자신의 비자금을 만든 후 챙긴 것으로 추정된다.

③ 2015~2016년경 네이버로부터 40억 원을 지원받아 성남FC로 39억 원을 전달해 준 희망살림의 경우 이재명과 같은 당 출신의 제윤경 국회의원이 상임이사로 활동했다.

④ 희망살림은 2014년 10월 성남시 지부를 개설했는데 성남시 세금 5억 2천여만 원을 들여 운영되고 있다. 말하자면 성남시 금융복지상담센터의 수탁법인이다.

⑤ 희망살림은 신용불량자들의 신용회복 지원 명목으로 40억 원을 받았으나 그중에서 성남FC에 광고비 명목으로 39억 원을 지불한 것으로 보아 눈 감고 아웅 한 것으로 보인다.

광고비 명목의 후원금 사용 내역도 철저하게 밝혀져야 한다. 순수하게 성남FC에 대한 광고비나 후원금이었다면 무리해서 많은 금액을 후원하도록 하지 않았을 것이다. 내역을 숨기려 할 이유가 없다.

결국 성남시장이었던 이재명이 구단주로 있던 성남FC는 성남에 본사가 있는 네이버 등 기업들로부터 2015~2017년에 걸쳐 광고비 명목 후원금으로 160억 5천만 원을 지급받았다. 그런데 실제로 광고비는 명목에 불과할 뿐이다. 인허가 등 성남시장 직무와 관련 있는 뇌물이 명백한 이상, 이재명은 특가법위반(뇌물) 또는 특가법위반(제3자뇌물제공)으로 처벌되어야 마땅하다. 이 부분에 대해 한동훈 법무부 장관은 2023년 2월 27일, 국회에서 이재명에 대한 체포 동의 요청을 하며 다음과 같은 이유를 설명했다.

> "(이재명)은 정진상 등과 공모하여, 2014년부터 2018년, 자신이 무리하게 창단한 성남FC가 곧바로 부도나 정치적 타격을 입는 것을 막기 위하여, 네이버·두산건설 등 4개 기업에 구체적 현안 해결 대가로 뇌물 133억 5천만 원을 성남FC에 주게 하고, 그 뇌물 범죄를 감추기 위해 '희망살림'이라는 단체를 끼워 넣어 범죄수익을 가장하였다는 것입니다."

악마와의 거래

이재명에 대한 나의 고발과 상관없이, 그 많은 논란에도 불구하고 이재명은 경기도지사에 당선되었다. 취임 이후 곧바로 여러 의혹에 대한 경찰 조사를 받았다. 여배우 김부선과의 스캔들과 이재명이 정계 입문 전 변호사 활동 당시 성남지역 조직폭력배들의 변론을 맡았다는 등의 조폭 유착설 등이었다.

검찰은 2018년 12월, 친형 강제 입원, 대장동 개발 업적 과장, 검사 사칭 등 3개 사건을 허위사실 공표 등 혐의로 재판에 넘겼다. 검찰은 이재명에 대해 친형 이재선을 정신병원에 입원시키도록 당시 분당구 보건소장에게 압력을 행사한 직권남용 혐의와 2018년 경기지사 선거 토론회에서 이를 부인하며 허위사실을 공표한 공직선거법 위반 혐의를 적용해 재판에 넘겼다. 조폭 유착설에 대해선 불기소 처분했다. 특정범죄가중처벌법위반(뇌물)죄에 대해선 아무런 조처를 하지 않다가 최근에야 수사를 하며 재판에 회부했다.

2019년 5월 16일, 1심 재판부는 "선거인의 정확한 판단을 그르칠 정도로 의도적으로 사실을 왜곡한 것이라고 평가할 정도는 아니다"라고 하며 모두 무죄를 선고했다.

반면 2019년 9월 항소심 재판부는 이재명의 지사직 당선 무효형에 해당하는 벌금 300만 원을 선고했다. "정신보건법에 따른 절차 진행을 지시하고, 이에 따라 형에 대한 입원 절차 일부가 진행되기도 한 사실을 일반 선거인들에게 알리지 않기 위해 이를 의도적으로 숨겼다고 봄이 타당하다"라고 하며 유죄로 판단했다.

한편, 항소심 결과가 세상에 알려지자 세간은 다시 떠들썩해졌다. 마침내 이재명의 민낯이 만천하에 까발려졌다. 그러자 2014년 10월 20일 종편《채널A》에 출연해 이재명에게 "자기한테 도움을 줬던 자기 형도 사이가 안 좋아지니 정신병원에 입원시켰다" 등의 발언으로 700만 원을 배상한 차명진 전 의원이 재심을 청구했다. 하지만 차명진 전 의원에 대한 재심은 1심에 이어 2심에서도 받아들여지지 않았다. 이재명은 '친형을 정신병원에 강제 입원시킨 것'이 아니라, 강제 입원시키려다 미수에 그쳤다.

이후 대법원 선고까지의 과정은 쉽지 않았다. 선거법상 선고 시한인 2019년 12월 5일을 훌쩍 넘긴 2020년 7월 16일에야 진행됐다.

이날 대법원 전원합의체는 이재명 사건을 무죄 취지 파기환송을 했다. 이재명은 지사직 당선무효 위기에서 벗어났다. 2020년 10월 16일, 파기환송심 재판부는 대법원의 판단대로 이재명에게 무죄를 선고했다.

대법원은 방송토론회에서 이재명이 상대방의 질문에 거짓말한 것이 '공표가 아니다'라며 무죄 취지로 사건을 파기환송해 버렸다, 그렇지만 유죄 의견을 낸 대법관 5명은 이재명이 "분당구 보건소장 등에게 강제 입원을 지시·독촉했으며, 단순히 질문에 부인하는 답변을 한 게 아니라 자신에게 불리한 사실은 숨기고 유리한 사실만 덧붙여서 친형의 정신병원 입원 절차에 관여한 사실이 없다는 의미로 해석될 수밖에 없는 취지로 발언했다"라고 지적했다. 이것이 무죄인가?

수상한 거래의 결말

고등법원에서 벌금 300만 원을 선고받아 처벌받기 직전까지 갔던 이재명이었다. 나로선 도저히 이해할 수 없는 판결이 아닐 수 없었다. 정의와 양심을 대법관들은 헌신짝처럼 내던져 버렸다. 나는 물론 건전한 상식을 가진 사람들과 법조인들로서는 도저히 용납할 수 없는 터무니없는 무죄판결이었다.

이후 불거진 대장동 사건에 대한 언론 보도를 보니 이해되는 판결이기도 했다. 이재명에 대한 무죄판결을 주도한 권순일이 대법원의 무죄판결을 전후해 대장동 개발사업에서 투자금의 1,100배가 넘는 막대한 이득을 취한 ㈜화천대유자산관리의 출자주식 전부를 소유하고 있는 김만배를 8번이나 만났다.

또 대법관을 그만둔 권순일이 곧바로 ㈜화천대유자산관리로부터 매월 1500만 원, 연간 약 2억 원 상당의 거금을 고문료와 별도로 급여까지 받은 비리가 밝혀졌다. 나는 대장동 개발과 화천대유, 천화동인 등에 관한 진실이 전부 밝혀진다면 권순일은 특가법(뇌물죄)으로 처벌받을 것이라 확신한다.

진실과 정의가 우선시 되고 그것을 제일로 여기는 나로서는 대법원판결 선고 결과에 하늘이 무너지는 절망감을 떨쳐낼 수 없었다. 내가 사전에 들었던 소문과 대법원의 판결 결과가 어떻게 같을 수 있다는 말인지. 정의의 보루 대법원이 아닌, 양심조차 팔아먹는 나쁜 대법관들이 나라를 망치고 있다는 생각에 분노를 참을 수가 없었다.

다행스럽게 현재 김만배 일당이 재판받는 과정 중에서 재판 거래에 대한 진술이 확보돼 수사에 탄력을 받을 것으로 보인다.

"소시오패스 성향[78]"의
그를 다시 또

2021년 10월 6일. 나는 다시 또 이재명을 고발했다. 2021년 9월 26일 일요일 오후 6시 30분에 방송된 SBS '집사부일체' 프로그램 제188회에 이재명이 출연했다. 대선주자 빅3 특집방송 2탄이었다. 그는 프로그램의 32분 18초~32분 47초 사이에 다음과 같은 발언을 했다. 모두 공직선거법 제250조 제1항이 규정한 허위의 사실에 해당한다.

"저희 형님(이재선)이 (성남) 시정에 관여를 하셨고[79], 제가 그걸 차단했고, ❶그거를 어머니(구호명)를 통해서 해결하려고 형님이 시도하다가 ❷어머니를 협박하고, ❸어머니가 집에 불을 지른다고 하니까 무서워서 집을 나오셔서~~~ 교회 집에 불을 지른다 해가지고 집을 나오셔서 저희집 이런 데 떠돌아다니시고~~~"

---

78 유튜브 〈조선일보〉 방송 〈팩폭 시스터〉, 2021년 11월 2일.
79 "형님이 (성남) 시정에 관여하였다"는 초반부도 허위 사실지만, 편의를 위해 그 부분은 고발 대상에서 제외했다.

위 발언에서 허위사실 부분은 다음과 같다.

❶-1 이재선은 성남 시정에 관여한 일이 없다. 성남 시정에 관여
  했던 일을 어머니 구호명을 통해서 해결하려고 한 일도 없다.
❶-2 이재선은 성남 시정에 관여한 적이 없다. 성남 시정에 관여
  하려는 데 이재명이 차단한 것을 어머니 구호명을 통해 해결
  하려고 한 적도 없다.
❷ 이재선은 어머니 구호명을 협박한 적이 없다. 더구나 어머니
  집에 불을 지른다며 어머니 구호명을 협박한 적도 없다. 설령
  이재선이 어머니 구호명의 집에 불을 지른다고 말을 했다 하
  더라도 그 말은 어머니 구호명에게 한 것이 아니라 이재선과
  통화 중이었던 이재명에게 했던 말이다. 말하자면 협박의 상
  대는 어머니가 아닌 이재명이다.
❸ 어머니 구호명은 무서워 집을 나와 떠돌아다닌 일이 없다. 이
  재선이 집에 불을 지른다고 해서 무서워 집을 나와 떠돌아다
  닌 적은 더더욱 없다.

따라서 입만 열면 거짓말을 일삼는 이재명을 나는 고발할 수밖
에 없었다. 야바위꾼처럼 거짓말로 국민을 속이고 대통령이 되려
고 하는 이재명의 '집사부일체'라는 방송을 보며 도저히 참을 수
가 없었다. 이미 재판 과정에서 많은 것이 드러났음에도 이를 알
지 못하는 사람들을 상대로 또다시 거짓말을 하다니. 세상에 어

느 동생이 이처럼 끝없는 거짓말로 죽음에 이른 형을 또다시 죽인단 말인가. 설령 그것이 사실이라도 이미 고인이 된 사람에 대한 최소한의 예의로도 입에 담지 않는 것이 인지상정이다. 하물며 없었던 일을, 오로지 자신의 출세와 명예를 위해 거짓말에 거짓말을 늘어놓는 사람. 과연 그 자리에 있을 자격이 있는가.

오죽하면 원희룡의 부인이자 정신과 의사 강윤형 박사는 한 방송에서 이재명의 그런 거짓말을 두고 "소시오패스 성향"이 있다고 했을까. 말하자면 이재명은 나쁜 짓을 하면서도 다른 사람의 고통에는 둔감한, 즉 양심의 가책을 느끼지 않는 사람의 성향이 있다는 것이 발언의 요지다.

그렇다. 그는 자신을 향해 뼈 있는 민원 글을 올린 공인회계사 친형 이재선을 눈엣가시라고 여겼다. 성남시장 공권력을 최대한 남용해 어떡하든 이재선을 정신병자로 몰아 정신병원에 강제 입원시키려던 사실이 재판 과정에서 판결로 확인되어 널리 알려지자 대선을 앞두고 자신의 위와 같은 낯부끄러운 행동을 비난할 가능성을 희석하고자 다시 또 거짓말을 했다. 정당화할 사정이 있었다는 그럴듯한 거짓말로 국민의 거부감을 누그러뜨릴 필요성을 강하게 느꼈을 것이다.

물론 그는 오래전부터 자신의 행위를 정당화하기 위해 수많은 거짓말을 해 왔다. 2022년 대선이 코앞에 닥쳤을 때는 거짓 설명의 필요성이 더더욱 절실했을 것이다. 그렇지만 국민은 이재명이 생각했던 것처럼 어리석지 않았다. 성남이라는 지역에서 두 번이나 시장을 하는 동안 갖게 된 공권력을 이용해 지역 주민들의 눈과 귀를 가렸을지 모르지만, 경기도지사를 거쳐 대한민국 대통령이 되겠다는 야무지고 더러운 욕망 앞에서 대한민국 전 국민의 눈과 귀는 가리지 못했다. 거짓말에 거짓말로 누르고 감추던 사실들이 만천하에 까발려지지 않았나. 국민은 위대했고, 이재명을 대통령으로 선택하지 않았다는 게 그 증거다.

무법의 시간을 달리는

위 사건은 사실 관계와 증거 관계가 아주 간단하다. 수사해야 할 내용도 매우 쉽고 간단하다. 지금껏 나는 이재명에 대해 위에서 언급했던 공직선거법 사건과 성남 FC 뇌물죄 사건으로 몇 차례 고발했다. 검찰과 경찰이 제대로 수사하지 않고 뭉개고 있거나 터무니없는 이유로 무혐의(불송치) 처분했다.

수사 기관과 법원은 정치적 고려 없이 오로지 헌법과 법률에 근거한 양심의 명령에 따라 수사와 사건처리 및 재판을 해야 한다. 범죄 수사학에서 '돌 하나도 남기지 말고 뒤집어봐야 한다'라는 원칙에 따라 철저히 수사하면 그만이다. 그런데도 수사 기관은 물론 법원조차도 양심을 헌신짝처럼 내던져 버리기 일쑤였다. 정치적 고려와 자의적 재판으로 사법 불신을 자초하고 있다.

새벽이 찾아오지 않는 밤은 없다. 반드시 밝은 아침이 찾아온다.

집사부일체 프로그램이 이재명의 출생지이자 고향인 경북 안동시 예안면 인근에서 촬영되었기에 나는 그곳을 범행지로 지목했다. 따라서 나는 이 사건을 대구지방검찰청 안동지청에다 고발했다.

당시 문재인 세력은 검찰개혁이라는 명분으로 검찰을 공중분해 했다. 수도권 검찰청에 근무하던 대부분의 검사들[80]은 문재인의 청와대와 법무부 등이 가진 모든 권력과 수단을 총동원해 권력 취향에 맞는 검사들을 배치하는 방법으로 자신들에게 불리한 수사를 사실상 하지 못하도록 강력하게 가로막았다. 천부당만부당했다. 안동지청과 안동법원이 오로지 헌법과 법률에 근거한 양심의 명령에 따라 신속하게 수사와 처리를 하고, 법원도 양심에 거리낌 없는 재판으로 나라의 미래를 밝혀 주길 간절히 바랐던 내 바람을 가차 없이 무너뜨렸다. 2021년 12월, 안동지청은 이 사건을 수원지검으로 타관이송했다.

표 4에서 눈여겨볼 사안은 2020년까지 이재명이 받고 있던 혐의가 숱한 논란 속에도 모두 '무죄'를 받았다는 사실이다. 그렇지만 2023년 12월 현재, 그 '무죄'의 꼬리가 밟혔다. 이재명은 지금껏 한 가지를 간과했다. 도마뱀이 꼬리를 자르면 다시 자라지만,

---

80 대검찰청, 고등검찰청, 지방검찰청, 지청을 비롯해 그 기관의 장과 소속 검사들 모두 포함.

반복돼 꼬리를 자르면 지탱하는 꼬리뼈가 생기지 않는다는 것을. 결국 이재명은 스스로를 지탱할 수 없을 것이다. 버젓이 남아 있는 모든 증거와 그를 향해 뾰족하게 날을 세운 국민의 눈초리가 그를 계속해 흔들 테니.

〈표 4〉 2020년까지 이재명의 혐의별 판결 내용

이재명 관련 의혹 진행 상황						
의혹	내용	검찰 처분	1심 2019.5.16	2심 2019.9.6	대법원 2020.7.16	파기환송심 2020.10.16
친형 강제 입원	친형을 불법적으로 정신병원에 입원시키려 했다는 주장	직권남용 기소	무죄	무죄	무죄	
	TV토론회에서 강제 입원을 부인한 것은 허위사실 유포라는 주장	선거법 위반 기소	무죄	**벌금 300만 원**	무죄 취지 원심 파기	무죄
시장 업적 과장	대장동 개발 예정 이익 5천여억 원이 실현된 것처럼 한 말이 허위라는 주장	선거법 위반 기소	무죄	무죄		
검사 사칭 논란	변호사 때 검사 사칭죄 누명을 썼다고 말한 것은 허위라는 주장					
여배우 스캔들	이 지사와 불륜관계였다는 김부선 씨의 주장	불기소	-	-		
혜경궁 김 씨 트위터	문재인 대통령 등을 비판한 트위터가 이 지사 부인 것이라는 의혹					
조폭 연루설	성남시 출신 조폭과 연루됐다는 주장					
일베 활동설	일간베스트저장소 회원으로 활동했다는 주장					

우리는 언제나 옳았고, 옳다

혐오와 배타. 비교적 약발이 빠른 감정을 부추겨 편 가르기에 이골난 범죄꾼. 그리고 그 푸닥거리에 같은 부류로 합류한 '누군가'. 그러다 보니 자기편의 누군가가 아닌 일은 목전에서 자신의 일로 경험하지 않으면 남의 일이요, 재미 삼아 하는 이야깃거리로 치부해 버린다. 이보다 슬픈 일이 어디 있을까. 방관자 효과이자 공모자 효과다.

고 이재선 씨의 사건은 방관자와 공모자들의 합작품이다.

곰곰이 생각해보면 이 사건은 심플하다. 앞에서도 언급했듯 이 사건의 주범은 변호사 신분으로 검사 사칭을 하고, 시간이 흘러 그 사건이 불리하게 작용하자 '위증교사'도 서슴지 않는, 대한민국의 불안과 공포의 대상자다.

이재선은 그런 사람의 형이었다. 이재명이 입만 열면 음해하는 패륜아가 아닌, 정직하고 약속이행을 중시하는, 남다른 정의감을 실천하며 사회의 모순에 당당히 맞선 사람이었다. 사달이 난 것은 이재명이 시장으로 있는 성남시청에 이재선이 민원 글을 올리면서였다. 그렇지만 이재선으로선 이재명 시장 때만 민원 글을 올린 것은 아니었다. 이전의 오성수·김병량·이대엽 시장 때도 민원 글을 올렸다. 그렇다고 앞의 시장들은 이재선의 민원 글을 스크린 처리하거나 비서를 시켜 협박하지는 않았다.

밟으면 밟혀야 하는데 밟히지 않는 이재선이 불편했던 이재명은 그때부터 이재선에 대한 음모를 꾸미고, 그야말로 영화 속 아수라 시장으로 군림했다. 이재명에게 있어 권력은 그런 거였다. 없던 죄도 만들고, 없던 병도 만들어 낼 수 있는.

이재선을 정신병자로 몰아가기 시작했다. 어머니를 포함하여 여러 남매는 똘똘 뭉쳐 절대 권력 이재명의 편을 들었다. 큰 권력 앞에 힘이 없던 이재선은 늪에 빠졌다. 안간힘을 쓰면 쓸수록 더 깊게 빠져드는 늪에. 빠져나오기가 쉽지 않았다. 겨우겨우 두어 걸음 뗐다 싶으면 이재명은 온갖 패거리들을 동원해 인격살인을 가했다. 약 먹으라고. 정신병원에 가라고. 이재명의 말대로 그토록 친형을 정신병원에 보내려던 일은 2년 6개월 후 40여 일간 이재선이 정신병원 신세를 지며 새로운 국면으로 접어들었다. 이재명에 의해 친형 이재선은 없던 병도 얻게 되어 정말로 마음을 치료해야 할 지경에까지 이르렀다.

이재선의 정신병원 입원 사실은 이재명의 또 다른 먹잇감이 되었고, 끝내 자신의 억울함을 풀지 못한 채 폐암 4기를 선고받아 3

개월 투병 끝에 삶의 자락을 놓아 버렸다. 얼마나 억울하고 가슴 가득 한이 맺혔겠는가.

그래도 다행인 것은 이별 직전, 당시 강원도에 살고 있던 누나에게서 들은 양심고백은 그의 삶을 놓는 날까지 그의 귓가를 맴돌지 않았을까.

> "내가 없이 살아서 재명이한테 뭐라도 얻어먹을 것이 있을까 싶어
> 재명이가 거짓말하는 걸 알고도 밝히지 못했어.
> 미안해. 용서해줘!"

이재선은 잘못을 비는 누님을 눈물로 용서하고, 이 세상과의 이별을 서둘렀다. 그리고 그의 죽음은 남은 가족에게 오래도록 화상火傷처럼 지워지지 않는 회한으로 남을 것이다.

이제는 그에게, 그의 가족에게 '누군가' 역할을 했던 이들이 용서를 빌어야 할 차례다.

그리고 범죄꾼과 함께 무책임한 권력을 탐하며 이 사회를 혼란과 공포로 몰며 쾌락을 누린 이들 또한 죄의 무게만큼 그 무게를 떠안는 것으로 용서를 빌길 바랄 뿐이다.

범죄꾼이 아무리 공포와 혐오를 조장해 자신의 성을 쌓았어도 그의 아슬아슬한 삶의 기록들은 뜻하지 않은 곳에서 허망하게 열

렸다. 자신에게는 블랙박스일지 모르지만, 그것을 지켜보는 정의로운 사람들 눈에는 흡사 판도라 상자였다. 범죄꾼과 그를 부추긴 '누군가'를 제외한 현명한 국민은 끝내 이재명을 대통령으로 선택하지 않았다. 그것이 범죄꾼의 블랙박스를 여는 단초였다.

도둑이 제 발 저린 탓일까. 이재명은 대통령선거 유세 내내 자신을 지지하는 '누군가'에게 '대선에서 지면 감옥간다'는 말을 했다. 물론 이재명의 저의는 자신이 지은 범죄 혐의가 있어서가 아닌, 탄압받아 갈 거라는 뉘앙스였다. 대선 패배 3개월 후, 이재명은 국회의원 배지를 달고 방탄 국회에 입성하는 것으로 '대선에서 지면 감옥간다'는 발등에 떨어진 불을 껐다. 하지만 도둑이 제 발 저려 했던 이재명의 말마따나 방탄 국회로 발등에 떨어졌던 불은 껐는지 모르지만, 더 뜨겁고 거센 불길이 자신을 휩쓸 거라고는 예상치 못했으리라.

자신의 이득과 권력 추구를 위해 희생된 사람들이 늘어나면서 그에 대한 민심은 폭발했다. 더구나 자기편이었던 사람을 죽음으로 몰아갔다는 데서 온 섬뜩함에 국민은 돌아섰고 분노했다.

권력이란 스스로가 도취해 자기 연민에 빠져서는 안 된다. 그뿐만 아니라 다른 사람은 말할 것도 없고, 스스로에게도 '우아한 냉혹함'을 일깨워야 한다. '선한 권력 의지'를 추구해야 한다. 그것이 '권력'을 위임한 국민에 대한 최소한의 양심이다. 그런 덕목을 갖춘 자만이 권력을 가질 자격이 있다. 그런 점에서 이재명은 권력을 가질 자격이 없다. 우아하기는커녕 천박하고 잔인하기 이를 데 없기 때문이다. 대한민국의 법대로 그를 정리해야 할 시간이다. 그래야 국민이 편하고, '여성은 예쁘게, 남성은 멋있게' 나라가 발전한다. 대한민국의 온갖 시스템을 망가뜨린 범죄꾼의 퇴장.

우리는 언제나 옳았고, 옳다!

이재선의
정신병원 강제 입원
발단과 전개

2010년 6월, 성남시장 당선인 신분으로 '성남시 신청사를 민간에 매각하겠다'라고 나선 이재명.

2010년 7월, 뜬금없는 성남시 모라토리엄 선언.
이재선, 성남시에 비판 글 올리며 부당성을 지적. 파급력이 커지자 글을 내리고 민원 글 올리기를 중단. 1년 6개월 동안.

2012년 2월, 성남시의 '가짜 집회' 보도와 '임기가 남은 단체장을 쫓아낸 것'에 다시 민원 글 올린 이재선.

2012년 4~5월경, 성남시장실에서 이재선에 대한 정신병원 강제 입원 음모 작당(이재명·정진상·백종선·윤기천).
〈실행 증거〉 – 공소장과 분당구 보건소장 구성수의 분당경찰서 진술 3회, 검찰 2회에서 일관되게 진술함.
 – 2012년 4월 2일~4일, 성남시 민원 담당 공무원들의 진정서
 – 2012년 4월 5일, 정신과 전문의 의견서 1·2
 – 2012년 4월 10일, 가족들의 정신병원 의뢰서 작성(작성자 어머니(구호명), 둘째형(이재형), 여동생(이재옥), 남동생(이재문).

2012년 4월, 대장동 개발에 관한 생각이 180도 바뀐 이재명, 2005년에는 도시환경 파괴라며 개발을 극구 반대하다가 2012년에 돌변해 대장동 개발에 박차를 가하다. 개발에 들어가면서 성남시가 5000억 원의 개발이익을 냈다며 플래카드를 걸고 대대적인 홍보를 했지만, 근거를 내놓지 못함.

2012년 5월, 성남시에 대한 이재선 민원 글 78개가 사라지다.
2012년 5월 19일~20일, 이재명의 수행비서 백종선으로부터 하루에 협박 전화·문자 메시지·음성 메시지 등 107회를 받은 이재선. 이후 이재선의 사무실로 찾아오거나 불량배를 보내 협박함. 이재선 부부는 백종선을 말려 달라고 요청하기 위해 이재명과 김혜경에게 연락하고 문자를 보냈지만, 답변이 없음.

2012년 5월 28일, 하는 수 없이 어머니 집 전화로 이재명과 통화하기 위해 어머니 집을 혼자서 방문한 이재선. 어머니가 이재명에게 전화했고, 마침내 이재선은 이재명과 통화함. 하지만 이재명은 자기는 모르는 일이라 시침을 뗌. 하여 이재선은 어떡하든 이재명을 어머니 집으로 오게 해 시시비비를 가리고 일을 해결하려고 함. 문제의 발언 **"(이재명이 어머니 집에 오지 않으면) 너희 집하고 우리 집하고 한우리 교회하고 엄마네 불싸지른다. 당장 안 오면…"**라는 말을 함. 누가 봐도 이 말은 이재선 옆에 있던 어머니를 향한 말이 아닌, 어머니 집으로 오게 할, 통화 중에 있던 이재명을 향한 말임. 그런데 그 말이 다른 의도로 둔갑 됨.
법원으로부터 '존속협박' 약식명령을 받음(2013년 4월, 500만 원 벌금형을 받았으나, 2013년 3월에 교통사고로 항소하지 못하고 덮음).
그날 이재선이 어머니 집을 나올 때 어머니 구호명은 승강기 앞까지 배웅하며 "아들아, 잘 가거라"라는 말을 함. 아들로부터 협박을 받은 어머니가 다정하게 "아들아, 잘 가거라"라는 말을 하며 배웅을 한다는 게 말이 되는가. 그날 밤부터 이재선을 '정신병자'로 몰아가는 이재명. 시도 때도 문자 보내고 전화함. 거짓 정보로 이재선을 놀리고 실언을 유도함. 사전에 목록을 만들어 놓은 듯 반복된 질문을 던짐. 말하자면 미끼를 던짐.

느닷없이 소환된 2006년경의 5000만 원 건. 어머니와 이재선의 공동 명의로 신탁되었던 돈을 어머니께 빌려 쓰기 위해 요청한 이재선. 하지만 공동명의로 신탁된 돈을 이재선의 승낙도 없이 이재명이 꺼내 씀. 이를 서운하게 여긴 이재선. 그게 전부임. 하지만 이재명은 이 건을 이재선의 패륜 행위로 몰아감.

2012년 5월 29일, 이재명은 작정이라도 한 듯 이재선을 향해 끝없이 조롱하고 화를 돋움. 열흘 넘게 자정부터 새벽 2시 사이 이재선에게 전화함. 새벽 6시 30분에는 문자를 보내고 오전 7시 30분경에는 전화를 함. 하루에 45통의 전화와 문자를 보냄.

2012년 5월 말경, 김혜경은 이재선의 딸 이주영에게 전화해 "너네 아버지는 미쳤다"고 말함.

2012년 5월 말경, 어느 기자로부터 "이재명 시장이 이재선을 정신병원에 가두려는 음모가 진행되고 있다"는 말을 전해 들음.

2012년 6월 5일, 이재선·박인복 부부와 김혜경이 '문향' 찻집에서 만나 화해를 함. 그 자리에서 이재선은 푸념 섞인 말로 **"내가 나온 구멍을 칼로 쑤시고 싶은 기분~~~"**이란 말을 함. 이 말은 또 다른 사달을 만들어 냄. 집으로 돌아간 김혜경이 이재명에게 전달함. 그날 밤부터 다시 시작된 이재명의 협박 전화.

2012년 6월 초, 김혜경이 이주영에게 전화해 "내가 여태까지 니네 아빠 강제 입원, 내가 말렸거든. 니네 작은 아빠 하는 거. 너, 너 때문인 줄 알아라. 알았어?"라는 말을 함.

2012년 6월 7일경, 이재명의 협박 전화를 처음으로 녹음한 박인복. 이때의 녹음 내용이 시중에 돌고 있는 "쌍욕 녹음 파일"임. 이후 이재명, 김혜경, 백종선의 문자 협박이 이어짐.

2012년 6월 12일, 해외 출장에 앞서 이재명은 윤기천·정진상·백종선과 함께 이형선 보건소장을 시장실로 불러 이재선의 정신병원 강제 입원을 종용. 윤기천은 이형선에게 계속 전화해 진행할 것을 재촉함.

2012년 6월 중순, 브라질에 있던 이재명은 이형선 보건소장에게 직접 세 번이나 전화해 이재선을 정신병원에 입원시키라고 지시함.

2012년 6월경, 성사모 단체가 뿌린 유인물 내용(조울증, 과대망상, 관계망상, 피해망상증 등의 용어는 이재명과 백종선이 이재선에게 날린 문자에도 있음. 이 단어는 장재승이 작성한 문구에 들어 있던 내용으로 이재명에게서 이 내용이 전달되지 않고서는 성사모 단체가 쓸 수 있는 단어가 아님).

2012년 6월 20일경, 이형선 보건소장은 이재명에게 불이익을 당할까 봐 이재선을 강제 입원시키기 위한 공문을 기안할 것을 지시, 센터에 공문 발송함. 그러자 분당서울대병원 장재승 센터장이 이를 거부함.

2012년 7월경, 이형선 보건소장은 분당서울대병원이 협조하지 않는다고 생각하고 분당 차병원을 2회 방문함.

2012년 7월 15일, 이재선 부부, 어머니께 도움 요청을 위해 어머니 댁 방문. 이때 이재선 부부는 어머니 포함 다른 형제들이 이재선을 정신병원에 강제 입원시키기 위한 의뢰서를 작성한 사실도 모른 채 어머니께 이재명의 강제 입원 모의 사건을 알리고 이를 중재해 줄 것을 부탁하기 위해 방문함. 그 자리에서 이재선에 대한 음해 글을 올린 동생 이재문을 만남. 이재문이 먼저 몸싸움을 걸어와 이재선은 방어했고, 그 사이 박인복과 이재옥은 둘의 싸움을 말림. 어머니와 함께 있던 사위는 잽싸게 현관 쪽으로 피함. 모두가 나가버려 둘만 남게 된 이재선과 박인복도 자기 집으로 돌아옴. 이후 용인 집으로 돌아온 밤 9시 30분경. 이재선은 존속폭행 현행범으로 중원경찰서로 연행되었고, 밤 1시까지 조사를 받음. 이 건으로 약식명령을 받는 이재선.

2012년 7월 16일, 경찰 조사를 받고 나오자마자 기다렸다는 듯이 이재명이 형수에게 전화해 "이년, 병신 같은 년" 등 쌍욕을 함. 쌍욕 파일 2·3.

2012년 7월 18일, 이재선 회계사 사무실 앞에 '홀로된 팔순 노모에게 폭언과 폭행을 자행한 공인회계사 이재선의 패륜적인 행동을 규탄한다'는 현수막이 걸림. 동시에 인터넷에 음해 글이 올라옴.

2012년 7월 20일, 이재선에게 성남법원으로부터 2012년 9월 19일까지 어머니 집 100m 이내 접근 금지를 명한다"는 주문의 임시조치 결정문이 내려짐.

2012년 7월 25일, 어머니 집 100m 이내 접근 금지 통보를 받아 든 이재선. 2012년 5월 28일, 승강기 앞까지 배웅하며 "잘 가라 아들아"라고 하던 어머니의 법적 조치에 충격받은 이재선과 박인복.

2012년 7월 28일, 이재선을 정신병원에 강제 입원시키기 위한 윤기천의 활약.

2012년 8월경, 한국공인회계사회 정문에서 "노모를 폭행한 이재선 회계사를 규탄한다"는 구호를 외치며 소란을 피우는 단체 등장. 인터넷도 이재선과 박인복에 대한 음해 글로 도배가 됨.

2012년 8월 중순, 윤기천은 백종선에게 '요건을 모두 갖추었으니 시청 청원경찰 2명을 데려가 이재선을 만난 다음, 이재선을 강제 입원시켜라'라고 지시함. 백종선은 윤기천이 미리 지정해 놓은 시청 청원경찰 2명을 데리고 이형선을 찾아가 이재선을 데리러 가자고 하지만, 이를 거부함. 이재선의 보호자인 처와 딸의 의사에 반하는 것이 위법인 것을 알고 있는 이형선.

2012년 8월 17일, 이재명과 윤기천으로부터 압박을 받은 이형선은 결국 앰뷸런스를 이용해 이재선을 분당 차병원에 입원시키기로 마음먹지만, 처벌을 받을지 모른다는 생각에 이재선의 강제 입원 시도를 포기함. 앰뷸런스를 돌려 분당구 보건소로 돌아옴.

2012년 12월, 심리학적 평가소견서 '정신과 장애 없음' 소견.

2012년 12월, 이재명 시장실, 이재선 강제 입원 서류 모두를 폐기할 것을 지시함. (이재명의 이재선에 대한 정신병원 강제 입원 시도 사실상 종료. 그렇지만 일련의 과정으로 이재선의 정신은 만신창이가 됨.)

2013년 1월 9일, 이주영은 아버지 이재선을 대신해 처벌불원서를 받기 위해 할머니 구호명을 찾아감. "못해 준다"는 구호명과 이를 전해들은 이재명이 공무원 여러 명을 구호명 집으로 보냄. 쫓겨나다시피 할머니 집을 나온 이주영.

2013년 3월 16일, 이재명 측의 온갖 음해로 좀체 잠 못 이루던 이재선, 졸음운전을 하다 중앙선을 침범하는 교통사고를 일으켜 전치 12주 진단. 이후 2014년 8월까지 1년 반 정도 치료에만 전념.

2014년 8월 16일, 이재명의 느닷없는 문자를 받은 이재선. 동생 이재옥이 사망함. 이를 이재선 때문이라고 온갖 욕설을 퍼붓는 이재명. 교통사고 후유증과 이재옥의 사망으로 큰 충격을 받은 이재선.

2014년 11월 21일부터 12월 29일까지 국립부곡병원에 약 40여 일간 입원하는 이재선. 퇴원 후 1년 넘게 통원 치료를 받으며 SNS를 하지 않음. 이재명이 2012년 4~5월경에 이재선을 정신병원에 입원시키려던 때와는 약 2년 6개월 뒤의 일. 그런데 이재명은 이런 기간 차이는 물론 자신이 이재선을 정신병원에 강제 입원시키려 한 것은 말하지 않은 채 그의 마누라가 입원시킨 거라며 매도하고 이 사실을 만천하에 까발림. 그러면서 이재선의 창녕 국립부곡병원 '입원확인서'와 '입원동의서'를 SNS에 유포함(차명진 사건으로 입수함).

2016년 2월, 이재명의 형수 쌍욕 파일 4(김혜경의 기괴한 웃음소리), 이재선이 4년 만에 이재명에게 전화함. 통화 중 형수가 전화를 건네받아 이재선의 교통사고, 정신병원 입원 등의 이야기를 하자 이재명은 "형이 그때 죽었어야 했다"는 막말과 함께 형수에게 욕을 하며 모욕을 줌.

2016년 10월 하순경, 다시 페이스북을 하는 이재선. 거기에서 자신의 정신병원 입원 경력을 이용하는 이재명의 글을 보고 또 크게 상처 받는 이재선.

2017년 1월 3일, 국회 정론관에서 이재선의 입원 경력 서류를 들고 기자 회견 하는 이재명. 자신이 이재선을 정신병원에 강제로 입원시키려던 것이 아니라, 그의 가족이 정신병원에 입원시켰다는 내용. 이재명이 이재선을 정신병원에 강제 입원시키려던 시점은 2012년 4~5월경, 이재선이 병원에 입원한 것은 2014년 11월로 2년 6개월의 차이가 있음.

2017년 11월 3일, 이재명의 끝없는 음해 속에 결국 폐암 말기로 죽음을 맞이한 이재선.

범죄에 관한 거의 모든 것

굿바이, 범죄꾼

발행일	2023년 12월 31일 초판 1쇄
	2024년 1월 10일 초판 2쇄

지은이	장영하
기획	플로우북스
책임편집	박지영
발행인	김용성
발행처	지우출판

주소	서울시 동대문구 휘경로 2길 3, 303호
전화	(02) 962-9154
팩스	(02) 962-9156
이메일	lawnbook@naver.com
등록	2003년 8월 19일(신고 제9-118)

ISBN 979-11-984910-4-6(03300)